經濟學的第一堂課

From Here to Economy

陶德．布希霍茲◎著　吳四明◎譯

經濟學的第一堂課
From Here to Economy

Contents

經濟學的第一堂課
From Here to Economy

Contents

導論

大多數人對經濟學家的反應，就像電影《窈窕淑女》中的希金斯教授對女人的反應一樣：「我寧願讓牙醫鑽我的牙……我寧願接受西班牙最新式的宗教審判。」可是大多數人會發現，我們無法像希金斯避開女人一樣躲開經濟學。打開電視，除非你不斷轉台，否則不可能不看到預算赤字、貿易戰爭、失業率或股市的報導。

即使運動比賽也與經濟學密不可分，因爲轉播員總是會提到某些運動員合約中，高達數百萬美元的獎金。美式足球或籃球比賽中，不管是哪個人種的評論員，總是三句不離綠色的美鈔。一九二〇年代，棒球巨砲貝比魯斯曾開玩笑說，他那年打擊狀況不錯，所以賺的錢比美國總統胡佛還要多。時至今日，有些運動巨星的收入不只多於美國總統，甚至比所有參議員收入的總和還要多。這些高收入的運動員，爲了怕自己的財富被那些急著想幫他們「立刻把錢滾一倍」的理財顧問搞掉，不得不強迫自己去瞭解經濟學。

那麼，爲什麼經濟學會有如此可怕的風評呢？這個問題說來話長。自從歷史學家卡萊爾（Thomas Carlyle）在十九世紀稱呼經濟學者爲「憂鬱的科學家」，這個評語便成爲無法擺脫的侮辱。不可否認，許多現代經濟學者的確符合這個標籤。他們身穿斜紋軟呢、目光銳利、打著蝴蝶領結，活脫就是安眠藥的代名詞。這種呆板的外觀，通常伴隨著教學黑板上潦草的圖表。即便是最聰明的經濟學者，有時也難免令人昏昏欲睡。博覽群書、言語風趣的凱因斯（John Maynard Keynes），就曾讓小羅斯福總統覺得乏味；他只留給頭昏腦脹的總統「一大堆無聊的數據」。小羅斯福對經濟學的典型反應，讓我想起幽默作家芙蘭・雷伯維茲（Fran Lebowitz）對青少年的建議：「你要堅定立場，拒絕在代數課保持清醒。在眞實生活中，我跟你保證，絕對沒有什麼代數。」

然而，眞實的生活就是經濟學。眞實的生活是找工作、克服不景氣、對抗通貨膨脹、存養老金、投資共同基金或股市。現在有許多三十多歲的「孩子」，因爲沒有能力購買或租房子而窩在父母家裡。這些父母還得擔心，誰可以照顧他們日漸年老的父母親。如果他們要從存款裡搾錢出來支付小孩及父母的生活費，等到他們退休，還會不會有錢剩下？我們都被那些看起來很抽象的力量互相推擠；這些力量的名字分別是「供給」、「需求」與「生產力」。如果能夠知道你會被推往哪裡，將有很大的幫助。

本書就是要提供你一些工具，幫助規畫自己的希望，不再處於經濟轉變的被動地位。不論是超級富豪或是超級強國，都無法逃避這些力量。老布希曾是一九九二年全世界最有權力的人，然而他也無法適當地解釋，爲什麼當時美國經濟會急轉直下。柯林頓能入主白宮，就是因爲他在競選時，一直將焦點放在疲軟不振的就業市場。他競選團隊的口號是：「笨蛋，是經濟的問題。」這個口號就是要保證他們絕對不會忽視最主要的問題。

大部分的人都發現，經濟學很像一客糟糕的牛排：又乾、又硬，而且食之無味。我這本書的目的之一，就是爲這客牛排加溫、加料，讓經濟學比較容易呑嚥。這本書延續我前一本書《經濟大師不死》的方式，利用現代的例子，將可怕的圖表及圖形賦予生命。在這本書裡，沒有類似亞麻等過時商品的例子，相反地，你會看到許多與電視節目或流行歌曲有關的參考資料。畢竟，經濟學最大的挑戰在於讓觀念値得記誦。曾有人說，即使是隻鸚鵡，只要你教會牠說「供給與需求」，牠也可以當經濟學家。這是學生在上完一般的經濟學後，少數還記得的幾句話。

當經濟學家開始大談理論模式，或賣弄「變數」、「限制」、「函數」等名詞時，通常就是他們失去觀眾的時候。經濟學家與生物學家不同，他們無法利用對照實驗，所以必須訴諸可以解釋行爲的數學模式。例如，生物學家可以餵一部分老鼠白水，餵另一部分老鼠喝紅色的飲料「酷愛」（Kool-Aid），測試後面這些白鼠會不會變紅。但經濟學家卻無法這麼簡單地把整個國家分成兩區來做類似的實驗。他們只能蒐集統計數字，估算其中的數學關係，假設一百五十億美元的減稅案可以增加國民所得三百億美元。但是，這個關係當然要看其他各種關係和假設而定。例如，萬一人民對經濟沒有信心，不願去花他們賺到的錢，這個關係如何成立？

非經濟學者很難瞭解經濟學家在做結論時，是根據什麼來決定哪些才是最重要的因素。有時爲了便於解釋，經濟學家會使用簡化的模式，來達到最好的效果，但與事實還是有相當的差距。這讓我想起名編劇家考沃德（Noel Coward）說過的一個笑話。有一次他去參加野餐，一個小女孩看到前面有兩隻狗在交配，要求他解釋狗兒在做什麼。他回答：「噢，親愛的女孩，前面那隻狗瞎了，後面那隻狗只是在推她，這樣她才能到她想去的地方。」雖然考沃德的解釋簡化了這個敏感的問題，但是一點都不接近事實。

大家都有一個錯誤的觀念，那就是經濟學家永遠無法獲致相同的意見；而且只要有兩個經濟學家開始談話，一定會爭執不休，就像是迫使一對夫妻去找婚姻顧問的那種衝突。事實上，本書中我將提出來的原則，絕大多數都獲得每位專業經濟學家的一致支持。最重要的是，現在幾乎所有的經濟學者都支持自由貿易，反對關稅及進口配額。回顧一九三〇年代，曾有上千名經濟學者，聯名呼籲美國國會不要通過「史慕特—郝雷關稅法案」（Smoot-Hawley Tariff Act）。美國國會沒有採納這批經濟學者的意見，而這項高壓式的關稅引爆了全球貿易大戰，並使一般的景氣衰退演變成可怕的經濟大蕭條。從此之後的六十年間，美國國民財富與貿易夥伴國表現的關係愈來愈深，也使保護主義政策在經濟學者眼中變得更危險。本書會將這些關係的重要性，做更清楚有力的說明。

經濟學家對最重要的政治議題常有相同的意見，但是他們對經濟學本身的定義卻沒有一致的看法。英國維多利亞時代偉大的經濟學家馬歇爾（Alfred Marshall）的定義最廣，他表示經濟學是「人類日常生活的研究」。但正如馬歇爾所知，經濟學並不只是一種學術性的研究，也是一種實務操作的技術。如果經濟學家什麼都不做，只是研究事件的話，他們與這些事件是毫無干係的。事實上，經濟學家可能是最危險的人。對首相提出錯誤建議的經濟學家，可能會爲每個中等家庭帶來貧困與失業。馬歇爾的學生凱因斯就曾建議，經濟學家應該更嚴肅正視自己的責任，不要像象牙塔中的哲學家，而應該效法直接傾聽病人痛苦尖叫的牙醫。演員馬龍白蘭度是一個非經濟學家，他也同意凱因斯的看法。有一次他接受訪問時說：「表演是一種行業、一種技術，就好像水電工或經濟學家一樣。」

我認爲經濟學是人們希望改善生活，在無法擺脫物質不足的現實世界中，對於選擇的研究及練習。就像美國第四任總統麥迪遜說的，如果每個人都是天使，我們就不需要政府了。如果這個世界擁有無止境的時間、金錢、食物、衣服、住所與快樂，我們也不會需要經濟學家。畢竟，我們在伊甸園裡是不會需要經濟學家的。但是，正因爲亞當咬了那顆蘋果一口，所以人類必須擔心一些簡單的問題：我應該把這塊地用來種菜還是養牛？我應該把孩子送去上學還是要他去工作？我應該支持低稅率還是支持政府支出增加？

在這本書裡面，我會藉著簡化經濟學的主要原理，嘗試除去它神祕的面紗。我將它分成四個基本部分，並在結尾做一些特別的整理。第一部談的是範圍最廣的問題——總體經濟學：總體經濟如何經歷景氣與蕭條、通貨膨脹與失業的循環。這些都是世界各國國會或議院最主要的議題。第二部討論的是範圍較小的問題——個體經濟學：企業之間如何競爭，以及政府如何規範企業。此外，我們還會打開經濟學家的工具箱，檢視廣告、環保、教育及醫療等問題。一旦我們瞭解經濟如何運作，以及企業如何在其中營運，就可以進入第三部的全球性觀點，探討爲什麼各國需要與其他國家貿易，以及貨幣價格如何隨商品流通而變化。

有許多人想要瞭解經濟學，是因爲希望有更好的投資績效，第四部便是利用前三部包含的主要經濟觀念，來檢視企業及個人的投資。我會在第五部簡短介紹經濟思想史。在瞭解本書前四部提到的重要觀念後，或許你會想知道是誰提出這些原理，或他們是什麼時候提出的。如果有人想在雞尾酒會中令人刮目相看，最後一章還提供了最熱門的新經濟思想學派。

本書所引述的某些例子，來自我在白宮經濟政策顧問小組擔任經濟政策副主任及副執行祕書的經驗。自一九八九至一九九三年間，總統、內閣、有時還包括聯邦準備理事會（Federal Reserve Board，Ｆｅｄ）主席，會在這個小組共同討論並決定經濟政策。不論結果令人振奮或氣餒，我曾有幸幫助美國最高官員克服困難的抉擇，而這些抉擇關係到就業或裁員，通貨膨脹或物價平穩。在任職期間，我愈來愈確信，如果選民能夠擁有正確的經濟觀念，政治家甚至政客應該可以做出更好的決策。如果民間不瞭解政府的正確決定——也就是說這種決定沒有市場——我們就不能期待政府會供應許多正確的決策。因此，我希望這本書可以刺激選民對理性政策的需求。

我目前是國際經濟顧問公司Ｇ７集團總裁，這個職務是在創業上的突破，也是瞭解複雜國際金融市場的大膽嘗試。我過去幾年的經驗特別有助於我在貨幣交易（請見第六章）及個人投資策略（請見第八章）的探討。

我希望這本書不只可以提供知識，還能兼具娛樂效果。當然，經濟學對實質的成功是極爲重要的，讀者可以從買股票或賣肥皀的背後，瞭解那些實際的理論。但只有這些是不夠的。導演伍迪艾倫曾疑惑：「人爲什麼要殺人？是爲了食物。不只是爲了食物，通常一定還有飲料。」這本書中的理論與故事，應該不只提供物質追求的必備知識，還可以濺出點趣味的水花。

第一部

經濟學的第一堂課

1 歡迎搭上景氣雲霄飛車

- 什麼是景氣循環？
- 什麼因素造成一九九〇年的衰退？
- 失業率如何判定，又代表什麼意義？
- 失業者是面臨短期或長期失業？
- 經濟學家爲什麼羞於討論失業保險？
- 什麼是通貨膨脹？爲什麼每個人都怕它？
- 爲什麼大多數的人都痛恨通貨膨脹？
- 什麼是變相加稅？
- 什麼是超級通貨膨脹？
- 什麼因素造成超級通貨膨脹？

一九九二年美國總統大選時，只要老布希試圖把話題轉到外交事務，柯林頓總會提醒他，當時的美國景氣很差，而且受薪階級的收入普遍縮水。事後回顧，其實一九九二年美國的經濟狀況還算不錯，但是「蕭條」這個字似乎適用於所有的市場狀況。民意調查專家提出他們最喜愛、也是個很大的問題：「美國在朝正確（或錯誤）的方向走？」他們指出，選民都覺得困惑不解。

總體經濟學就是對整體狀況的研究：經濟是朝哪個方向走？通貨膨脹是否悄然形成？失業率是否在下降中？第三章中將討論的個體經濟學，是檢視個別公司與家庭的決定，就好像透過顯微鏡去觀察一樣。相對地，總體經濟學則好像是從空中俯瞰整個市場。我們見到的景象可能很美麗（我們稱為「景氣佳」），也可能很難看（「景氣差」）。對總體經濟學家而言，最艱難的挑戰在於如何穿過雲層看到清晰的景象。

什麼是景氣循環？

幾年前，我曾在紐約地鐵車站看到一個「回力鏢飛回來了！」的塗鴉。這個雙關語適用於各種自然與非自然的現象，包括月週期以及渴望看到貓王的懷舊情緒。幾乎每種學術和假學術都會提到循環或鐘擺。歷史學家史萊辛格（Arthur Schlesinger）不斷針對歷史循環而寫作，而新時代心理治療師則對生物週期極為狂熱。

經濟學家也談論循環——經濟有時景氣，有時衰退。景氣好的時候，工作機會比較多、工資比較高，爭名奪利的政治人物臉上的笑容也比較多。不景氣則讓人愁眉苦臉，也造就許多代罪羔羊。一九八八年總統候選人、麻薩諸塞州州長杜凱吉斯（Michael Dukakis）曾宣稱「麻州奇蹟」是他一手推動的。他降低麻州的失業率，推升工資至極高的水準，迫使麥當勞的波士頓分店必須從其他地區招雇工作人員，並支付兩倍的最低工資。不幸的是，麻州奇蹟最後卻成了一場混亂。大量員工被資遣，尤其是高科技產業，州政府也面臨債台高築的窘境。杜凱吉斯在大眾發現奇蹟已經消失時，立刻改變策略，指責雷根政府才是應該爲麻州經濟狀況負責的罪魁禍首。

經濟學家一直想搞清楚，自從約瑟告訴法老七個豐年後會有七個荒年以來，景氣循環到底如何運作。我們可以說，沒有任何預測者可以像約瑟一樣準確。事實上，經濟學家預測景氣升降，幾乎從來沒有對過。

不過，或許約瑟一開始就把我們引到錯誤的路，因爲景氣與不景氣的循環不一定有規律的模式。衰退並不像燕子一樣，每年春天都會從阿根廷飛回加州的卡皮斯特拉諾教堂。它比較像決定在經濟體上空集結，空投糞便的鴿子。我們也不知道它什麼時候會來，或是停留多久。舉例來說，美國經濟曾分別在一九六一、一九七〇、一九七五、一九七九、一九八二及一九九一年觸底。在這些期間，坊間陸續出了許多類似《一九八〇年代通貨膨脹的生存與致勝之道》及《一九九〇年大蕭條》之類的書。

景氣循環的預言通常帶有一點神祕的語調。即使是傑逢士（William Stanley Jevons）這般嚴肅的經濟學家，也曾懇求同事相信景氣與衰退是有規律的。爲什麼呢？傑逢士是英國第一批、也是最優秀的統計學者兼經濟學家，他得出一個結論：每一〇．四四年定期出現的太陽黑子，會造成相同週期的經濟循環。

傑逢士並不是個傻瓜。他根據巧合而發展出一個理論：「如果星球主宰太陽，太陽主宰豐收，進而影響食品、原物料的價格以及貨幣市場的狀態，則星球的形狀可能是嚴重商業災難的遠因。」簡而言之，傑逢士認爲太陽黑子阻礙印度的收穫，抬升英國物價而造成經濟衰退。不過，傑逢士的理論並不成熟，因爲他忘了一件事，那就是亞洲農作歉收對英國的影響會有一段時間落差。因此，英國經濟與太陽黑子並不會有完全相同的一〇．四四年週期。

不只傑逢士努力研究景氣循環，幾乎所有頂尖的經濟學家，都嘗試探討經濟爲何會走在忽上忽下的雲霄飛車道，而不是在平順的軌道運行。某些專家指出，不斷創新會改變製造業的型態，另外某些人則說，銀行放款過於寬鬆，所以導致破產以及惡性循環。

赫伯．史坦恩（Herbert Stein）在尼克森總統時代擔任經濟顧問委員會（ＣＥＡ）主席，他以機智詼諧著名，且提出史坦恩第一經濟學原理：如果某件事不能永遠持續，一定會停止。而我們想問的是：經濟景氣是否無法維持？上揚的工資與擴張的生產是否一定會碰壁，造成員工資遣和產能下降？物極必反的定律是否眞的沒錯？或者，某個經濟體是否可能持續成長？

很難說。到目前爲止，我們還沒有看過不變的景氣或持續的蕭條。但我們無法證明這不可能。同樣地，就算現在沒有人可以永生，醫生也不能證明我們的鄰居無法長生不老。美國景氣循環有各種不同形式。我們看過短命的經濟復甦、長達八年的繁榮景氣、短暫的下滑以及嚴重的衰退。改寫詩人艾略特的話就是，經濟繁榮往往不是突然中斷，而是不乾不脆地結束。然後每個人會舉目四顧，問道：「怎麼了？」而我們不怕找不到責怪的對象，因爲經濟實在有太多地方可能會出錯。

以下是讓經濟坐上雲霄飛車的主要嫌犯：

一、政策錯誤：美國聯準會胡搞貨幣政策；國會錯用財政政策。

二、結構性調整：樂觀或悲觀情緒動搖消費者及製造業者；地緣政治的混亂改變外交政策優先順序以及軍事支出政策。

三、外部衝擊：國外原物料價格上揚。

什麼因素造成一九九〇年的衰退？

一九九〇年的衰退及遲緩復甦，清楚勾勒出阻礙經濟發展的各種力量。在一九八〇年代末期，美國經濟寫下了史上最長的和平擴張期，八年中創造了一千八百萬個新工作。失業率盤旋在五．五％，是十五年以來的最低水準。但是這場歡樂的宴會最後還是曲終人散，因爲老布希總統無法讓樂隊繼續演奏，不能讓人們繼續歡樂，並因此被逐出白宮。到底是哪裡出錯？

首先，聯準會對通貨膨脹愈來愈緊張，決定調高利率且少印鈔票，來引導美國經濟「軟著陸」。聯準會是美國銀行體系的中心，決定短期利率水準，並判斷應該有多少錢可以在市場上流通。聯準會認爲，只要在市場上流通的貨幣減少，配合高一點的利率，美國人民自一九八〇年代初期開始的全國性購物熱潮就會降溫，因爲房屋或汽車貸款利息的增加會使消費者減少購物次數。聯準會當時只是想放慢經濟成長的腳步，而不是引發不景氣。這是一種可能成功的高難度操作手法，只不過，當時所有其他的力量陸續賞了美國經濟好幾個耳光。

正當聯準會企圖控制貨幣供給時，國會爲了解決一九八〇年代儲貸機構紓困龐大而令人尷尬的費用，對銀行的管理發出攻擊。國會根據一九八九年的「金融機構改革、重整及強化法案」，要求提高放款限制。同時，銀行也必須遵守「巴賽爾協定」（Basle Accords），增加對聯邦政府、減少對私人借貸者的放款。在這些措施之下，曾在一九八〇年代因不動產放款而大發利市的銀行愈來愈小氣，並且誘發了動搖金融體系的「信用緊縮」。

來自小型企業的求救信件與電話大量湧向白宮，抱怨無法從銀行獲得貸款以維持企業運作。銀行則宣稱，他們受制於聯邦管理單位，不敢隨便放款。白宮於是電召聯準會主席葛林斯班（Alan Greenspan）與總統開會。在會中，葛林斯班辯稱，消費者與企業在一九八〇年代借了太多錢，所以除非每個人及企業滿意自己的資產負債表，美國經濟才會好轉。我還記得在葛林斯班形容美國經濟正面對時速五十哩的逆風時，那些經驗不足的國會成員頻頻點頭稱是的模樣。當老布希催促葛林斯班回答聯邦管理單位的問題時，他承認某些人可能過於激進，並威脅到銀行業。最後他召集所有的聯邦管理者到華府，要求他們在審查放款時應該謹愼，而不是像個縱火狂。

接下來是蘇聯的瓦解，這個事件迫使政府決策單位拋棄原來的國防支出計畫。美國政府的國防支出占國民所得比例，由一九八六年的六・五%縮減至一九九〇年的五%。而加州、麻州及康乃狄克州等國防工業重鎭的失業率，也因而激增到四%以上。服務於國防相關企業的員工，因爲不知道何時會被解雇，於是大幅減少家庭支出。雖然國防預算小幅減少對長期經濟有正面效果，但就短期而言，經濟狀況已經非常糟糕，南加州尤其慘烈。

當伊拉克在一九九〇年八月入侵科威特時，油價飆漲至波斯灣戰爭前的兩倍以上。油價像噴油井般不斷往上衝，而消費者及企業信心卻崩跌至谷底。雖然伊拉克軍隊在一九九一年初就被驅離科威特，但是他們發動攻擊的時間，正好是全球經濟最脆弱的時候。

華府選擇在油價高漲入雲時，宣布調高汽油、奢侈品的稅率以及中高階層的所得稅，更進一步傷害了美國經濟的活力。

美國最大的貿易夥伴也染上類似重疾。日本央行及大藏省調高利率以打擊不動產及股票市場的驚人價格泡沫。德國爲了兩德統一的費用而焦頭爛額。在東京的泡沫經濟瓦解之前，該地區的不動產價値已經超過所有美國不動產的總値。難怪日本企業主管會瘋狂搶進夏威夷的廣闊綠地，因為相較於日本的土地價格，那實在太便宜了。

等一下，除了上面所說的力量之外，還有別的哩！頑固的地產開發業者就不停加蓋辦公大樓和住宅，卻從不考慮新的房客由何而來。有位沮喪的地產開發業者在一九九二年到我的辦公室，盛怒指責老布希總統：「陶德，兩年前，我的身價值三千五百萬，但是現在幾乎已經賠光了。」我心想，天啊，他可能只剩下一千七百萬了。誰應該為此負責呢？他難道沒有注意到，嬰兒潮已經逐漸消退，加州的稅率與勞工成本正在趕跑不少企業？他想叫老布希總統與他太太芭芭拉搬進他蓋的房子裡去嗎？噢，幾個月之後，他們的確開始尋找新的居所。

在這段痛苦的變化過程中，政客與經濟學家都嘗試預測經濟何時復甦；但是幾乎沒有人猜對。在一九九〇到一九九三年間，企業環境不斷惡化，可說是百業蕭條。就好像一個人得了普通感冒，卻怎麼也無法痊癒。美國經濟並沒有像絕大多數經濟學家的預測，在一九九一年出現反彈，而是如憂鬱的華爾街人士所說的「死貓反彈」（重挫後的小幅反彈），也就是一直停在線圖的底部。當時的財政部長布雷迪（Nicholas Brady）絞盡腦汁，說得口乾舌燥，就是希望能激勵企業信心。有一次他宣布：「知更鳥帶來春天了。」又有一次他告訴國會，美國的汽車輪胎都磨光了，應該很快就可以看到搶購熱潮。然後，他又很欣喜地宣布，燈泡訂單已經大幅增加，並暗示工廠都在加班趕貨。事後證明，這些領先指標都是假的。而老布希政府的信用此時就像隻死跛鴨，無力反彈。

回顧當時，美國經濟確實在一九九一年出現過反彈，一九九二年也有相當顯著的成長，但是並沒有創造出多少新的就業機會，也未能形成樂觀及復甦的氣氛。這並不是「正常」的景氣衰退。每一種影響力量都以不同方式重擊消費者與企業的信心。而且事後證實，蘇聯共產制度的開放不只是影響深遠的政治事件，也是重要的經濟事件。曾是歐洲經濟原動力的西德，每年必須把高達數十億美元的資金轉移給東德的同胞。原來被柏林圍牆阻隔的龐大勞動力驟然獲得自由，增加了全球的勞動供給，並且抑制西方世界非技術性勞工的工資上漲。全球經濟無法在一時間吞下這樣的劇烈變化；它遭遇的不是短暫的傷風，而是嚴重的流行性感冒。

當經濟隨景氣循環而上下波動時，它還帶著人們的情緒起伏。這些因素會彼此增強。上漲的經濟浪潮不只推升支出，還有心理狀態，而退潮也會令人沮喪。悲觀的情緒會讓衰退更嚴重，因爲每個家庭與企業都會被嚇成風險趨避者，扭轉原來的支出模式。

赫伯・史坦恩的原理說，凡是無法持續的趨勢必然會結束。但我認爲，人們不會相信赫伯・史坦恩的說法，直到一切已來不及。人們相信現階段的景氣循環，不論是繁榮或衰退，都會永遠持續下去。在一九八〇年代的景氣擴張期，紐約的地產開發業者不斷灌漿、砌磚，直到每條街都聳立著摩天大廈。他們無法想像房租有一天可能會滑落。日本人在一九八七年買下花旗銀行中心的三分之二，以爲可以在這個已經開始搖晃的市場中，進一步推升租金水準。這批生意人在一九九一年的衰退期間，也無法想像美國經濟會有復甦的一天。

同樣地，一九八〇年代把日經股價指數推升到歷史最高點的日本投資人，在日本股市於一九九〇年代初跌掉一半市值時，曾以爲日本在二十一世紀以前會持續疲弱不振，無法擺脫經濟困境。唯一可以與那次日本股市崩跌相匹敵的，是發生於一九二九年的華爾街大崩盤。

當然，股市崩盤與景氣衰退最後都會迫使企業破產，造成龐大的失業人口，而且這些數字可能會令人非常吃驚。

失業率如何判定，又代表什麼意義？

許多經濟學家避免在公眾場合談論失業。當被迫面對這個問題時，通常會變得很靦腆。爲什麼呢？首先，他們不想給老闆任何意見！其次，他們對政府協助失業者的計畫抱持懷疑，所以不希望自己的語氣聽起來過於冷酷。但在只有經濟學者的場合，他們通常都同意，福利金及失業保險會使失業的人不積極找工作。但在分析這個問題之前，我們應該先定義失業率這個領先指標。

一九七六年卡特能夠擊敗福特總統，是因爲福特在任期間的美國經濟非常糟糕。卡特創造出一個聰明的行銷手法，就是把通貨膨脹率加上失業率，稱之爲「痛苦指數」。他譴責福特帶來大蕭條後最悲慘的環境。到了一九八〇年的總統大選時，雷根也以其人之道還治其人；他用相同的武器來顯示，卡特任內的美國經濟比福特任內更悲慘。這位前任喬治亞州州長當然不敢再提這個指數。

但是失業率是擺脫不掉的。美國勞工統計局（BLS）每個月會對美國境內約六千名成人做隨機調查。調查員會問受訪者是否在工作，如果沒有的話，會問他們是否積極在找工作。那些失業在家且承認自己沒有找工作的人，不會被列入失業人口。他們被認爲是非勞動人口。只有積極找工作的失業者，才會被列入失業率的計算之中。這個區別造成了一些矛盾和混亂。雖然把那些未積極找工作的人排除在外，看起來似乎很合理，但如果他們沒有積極找工作是因爲景氣實在太差，才灰心地決定放棄呢？批評現任政治人物的人，通常會對官方的低失業率嗤之以鼻，因此嘗試將這些「沮喪的勞工」納入失業者。問題是，我們沒有辦法分辨哪些人是眞的灰心，哪些人是根本不想工作。事實上，現任政治人物常會反駁對手，辯稱有很多被列入失業人口的人，在接受調查時都騙人說他們還在積極找工作。

如果不更深入瞭解，我們很難解釋失業率。失業人口除了被解雇的人之外，還包括衝進老闆辦公室大叫「我不幹了！」的人。在一九九一年的衰退期間，輕易放棄工作或主動辭職的人，占了美國失業人口的一半。美國勞工平均一生會有十個不同的工作，通常換工作都是出於自己的選擇。你可以想想自己的職業生涯，你辭掉工作的次數應該會比被開除的次數多。目前仍固守「終身雇用制」的日本人，覺得美國的統計數字非常令人震驚。日本人質疑美國勞工的忠誠度，但美國人也對日本人的柔順感到疑惑。

想要瞭解失業率，我們還需要知道失業者已經多久沒有工作。這些失業者的技術是否有市場性，還是已經過時？他們是否只在特定區域或即將被淘汰的行業中工作？在美國國會連年削減五角大廈的支出後，我們可以很清楚瞭解飛彈設計工程師爲何出路不多。雖然聖經教人把劍鑄成耕田的犁，但是要把現代的地對空飛彈改成玉米收割工具，恐怕不是在工具房裡敲打幾天就可以的。

失業者是面臨短期或長期失業？

失業期間的長短，當然要看你從哪個角度來說。如果你熱愛工作，就算只失業一天，可能已經非常可怕，特別是如果你把那一整天用來看肥皀劇。事實上，美國有一半的失業人口可以在七週內找到新工作。只有少數（約一五％）的失業人口，賦閒在家的日子會超過六個月。美國是全世界變化最大的經濟體，每天都有人換工作、進入或退出勞動市場。我們不能只因爲失業率在一年中都維持六％，就斷定同一個人在這段期間從來沒有工作。

經濟學家爲什麼羞於討論失業保險？

經濟學家會不好意思，是因爲他們認爲自己舉止溫和、心地善良。但在內心深處，他們認爲失業保險與福利支出推升了官方失業率。爲什麼呢？第一，失業者至少必須表示自己眞的在找工作，才能得到政府補助。研究報告顯示，有很多這樣的人在說謊。美國前任財政部長、現任哈佛大學校長桑莫斯（Lawrence Summers）曾經發現，這項條件使失業率攀升約〇．五到〇．八%，也就是有六十萬到一百萬名的騙子。難怪電視節目白天的收視率會那麼高，因爲有額外的一百萬人坐在家裡電視前撥弄遙控器，而不是在某棟建築裡接受新工作的面試。

當然，按照常理，多數失業勞工無法找到薪水與以往相同的工作。失業率上升不代表受雇者突然不想努力工作，而是表示整體經濟進入困境，或至少有某些行業是如此。而被解雇的勞工可以領取失業救濟金來繼續花錢，讓經濟不會進一步滑落。

但是，政府計畫的確比較會吸引人閒坐家中。如果你獎勵民眾在外閒晃，那麼在外閒晃的人數就會增加。就經濟學家的術語來說，政府計畫提高了每個人的「保留工資」（reservation wage），也就是失業者在接受新工作前所堅持的最低工資。如果我們再考慮聯邦稅與州稅，情況會更明顯。怪不得桑莫斯與研究夥伴克拉克（Kim Clark）會得到以下結論：放棄失業保險制度可以使失業人口減少六十萬。

舉個例子來說明。假設凡娜剛丟掉時薪九美元的美容師工作。政府給她的補助是每小時四．九五美元，讓她留在家裡爲自己修指甲或弄頭髮。乍看之下，凡娜的收入似乎大幅減少。但不要忘了，當凡娜還在上班時，除了要繳給聯邦政府與州政府一八%的稅，還要貢獻七・五％的所得給社會安全局，所以凡娜實際上可以拿回家的時薪不過是六・七美元。她領取失業救濟金雖然還是要支付聯邦稅與州稅，但卻不需要再付七・五％給社會安全局，所以她留在家中坐的時薪約爲四・〇五美元。

這個計算題的結果是這樣的：如果凡娜去上班，她每小時只能多賺一、兩塊錢。但如果她留在家裡，可以省下交通費和置裝費。此外，桑莫斯與克拉克還發現，失業保險會使失業超過三個月的人數增加約一倍。

當然，在某些狀況下，通常是二十六個星期後，失業救濟金會用完。這時那些少數還沒有找到工作的人要怎麼辦呢？他們很快就會找到。西北大學經濟學者梅爾（Bruce Meyer）發現，在領取失業救濟金的最後一個月，失業者找到工作的可能性會激增三倍。

與其拖延失業時間、推高日間電視節目的尼爾森收視率，我們應該可以提供那些較有企圖心的失業者另一種選擇，即在他們剛失業時，就一次付清失業救濟金，且他們必須把這筆錢做爲開創新事業的「種子資金」。

經濟學者大多認爲美國失業補助制度會使勞工採取觀望，但歐洲的問題更爲嚴重。舉例而言，法國政府支付失業者幾乎百分之百的「損失工資」（lost wages）。即使是剛從大學畢業、還沒有任何工作經驗的社會新鮮人，也可以因爲他們失去可能存在的工作而得到補助。這對歐盟（EU）而言是極爲可怕的問題。如果歐盟不能削減對潛在工作機會的補貼，並開始生產眞正的商品，將面臨經濟更爲停滯的危險。

歐盟悲哀的困境讓我想起諧星梅森常對好萊塢開的笑話。他說在好萊塢沒有人工作，但每個人都說自己是製作人。每個人都有印著「製作人」頭銜的名片。他們拍過什麼片子嗎？什麼都沒有！他們正在談一個案子、或是某個案子剛剛吹了、或是他們正要開始談。吹了半天牛皮後，他們製作出什麼呢？只有那張印著製作人頭銜的名片罷了。

不可否認，失業保險並不是造成失業問題的主犯。當然，大部分被迫離開職場的人都不喜歡失業，也有很大的心理壓力。供給與需求的抽象觀念最後會衝擊一點也不抽象的個人，並傷害他們的家庭。大部分的經濟學家不會無情地認爲失業者沒有救了，或任其自生自滅，他們希望政府制定可以幫助勞工找到新工作的計畫。當然，他們也相信政府應該避免經濟衰退；這不是容易的任務，但卻是非常有價值的日標。

在企業開始資遣員工並關閉工廠時，總體經濟會開始像老舊的蒸汽引擎一樣，嘎嘎幾聲後停下。那是一種悲傷的聲音。但如果蒸汽引擎的速度不放慢下來，反而以危險的速度在軌道上傾斜前進，會有什麼後果呢？經濟學家認爲，那看來是通貨膨脹。

什麼是通貨膨脹？爲什麼每個人都怕它？

簡而言之，通貨膨脹是指物價上揚，錢不值錢。幾乎每個人都譴責通貨膨脹，尤其是退休銀髮族，他們的固定收入根本無法應付不斷上揚的物價。銀髮族不可能打電話給銀行說：「嗨，因爲關節炎的藥價漲了一倍，所以我需要更多錢。」無法應付上漲物價的人會被迫減少支出，但這不是容易的事。好萊塢導演地密爾被告知電影《十誡》的製作成本已經超出預算時，他反問：「那要怎麼辦？難不成現在就殺青，然後推出《五誡》？」

這種不受歡迎的通貨膨脹現象，已經不是新鮮事了。它並不是現代的發明。古代經濟就常遭到高通貨膨脹的侵襲，而高通膨必然會動搖當時的政治結構，迫使領導者下台。從古羅馬、德國威瑪共和，到現代的美國卡特總統任期，都因爲罹患名叫通貨膨脹的貨幣癌症而被瓦解。人民醒來發現手中錢幣的價值被降低，他們看著錢幣上君主的鑄像，於是決定自己也要去削減些什麼。

政府衡量通貨膨脹的方法是去購物。美國勞工統計局的官員每個月會推著購物車，象徵性地在超級市場與百貨公司的通道上跑來跑去，買回一大堆東西，再加總所有東西的價格。下一個月他們會再去買相同的東西，重新加總一次價格。兩者間的變動率就稱爲消費者物價指數（CPI），也就是最常被引用的通貨膨脹數字。

就在政府官員奔走於置物架之間時，個人投資者和其他人則站在商店外面，緊張地咬著指甲。因爲這些官員算出來的數字，將會嚴重影響金融市場，並主宰家庭的消費決策。比如說，債券市場的投資人（請見第十章）就擔心數據會顯示通貨膨脹的壓力增加，使債券價格下滑。貸方會要求借方支付較高的利息，以彌補通貨膨脹造成的差距。很多受雇員工的合約都註有以CPI爲基礎的生活津貼成本（cost of living allowances，COLAs）。因此，如果CPI攀升五%，這些員工的老闆就得爲他們加薪五%來維持其生活水準。

雖然有很多人非常注意CPI，但其實這項調查制度非常草率。首先，這些官員買東西時好像是機器人，不是眞正的人類。不論有沒有折扣、折價券、特價或任何促銷活動，他們總是買完全一樣的東西。機器人官員從來不瀏覽商品傳單，找出哪裡的什麼東西最便宜。但幾乎每個購物者都知道，只有山頂洞人才用市價去買電子產品。穀類早餐的價格曾經一飛沖天，但研究報告顯示，大多數消費者都會拿二〇至三〇%的折價券去買。

其次，機器人官員沒有任何彈性。他們不會調整購物清單，在商品的價格戰間得利。假設美國勞工統計局的伯尼從上級工作指令中找到一張購物單，要求他根據該清單去買爲勞工部長做沙拉的材料。他必須買一個冰山萵苣、一枝紅椒、一顆紅洋蔥，還有一點香菜。伯尼坐著黑頭轎車來到當地雜貨店，走到生鮮蔬果區。在他附近有一個名叫提姆的人，拿著類似的購物清單來買家中所需。伯尼看到單子上寫的東西，就拿起來丟進推車裡，完全沒有注意冰山萵苣比上個月貴了五十美分，紅椒被撞得青一塊紫一塊，紅洋蔥貴了二十五美分，而香菜看起來簡直像雪茄的灰燼。儘管如此，伯尼還是用這些材料做出一盤看起來很恐怖的沙拉。而他計算完CPI的結論是，生鮮蔬果的價格大幅上揚。

提姆就沒有那麼笨了。他瞥見冰山萵苣的價格後，決定改買價格比上個月還便宜二十五美分的波士頓萵苣。他的推車經過那堆破爛的紅椒時，連停都沒停，就直奔價格與上個月相同的青椒。他沒有買較貴的紅洋蔥，反而拿了幾個百慕達洋蔥。最後，他決定不買那些看起來很爛的香菜，反正每個人最後都把它挑掉不吃；他決定在自家院子裡，拔幾株野草應付應付就好了。

就是這種彈性使提姆避開升高的菜價，而且可以避開不新鮮的食物，找到更好的替代品，因此享受到好吃又有變化的沙拉。伯尼的官方CPI顯示蔬果價格上漲，勞工部長必須面對一盤可怕的沙拉，但提姆的家庭預算一點變動都沒有。

報導通貨膨脹的電視記者，通常沒有接受什麼經濟學的訓練，就跟氣象播報員沒有氣象知識一樣。他們最常犯的錯誤就是，忘記通貨膨脹是整體物價的問題，而不是少數幾樣商品的價格問題。他們有時會很認眞討論女裝的價格上漲，以爲只要把這個部分控制好，就能減少整體物價上揚。但實際上在任何時刻，某些東西價格上揚，就會有某些東西價格下降。這正是市場緩和供需轉變的方式。如果藍色牛仔褲流行，價格便會上漲，鼓勵成衣廠增加牛仔布產量。如果純羊毛衣因爲穿起來太癢而退流行，價格便會滑落，這時製造商與羊都得到一個訊息：不要再生產那麼多了。

總體經濟學家的焦點是放在整體物價水準，而不是追蹤個別行業的變化。爲什麼呢？因爲眞正的通貨膨脹危害很大。它會降低存款的價值，並傷害人民對政府的信心。凱因斯曾經寫過，毀滅一個國家最快的方法就是「讓貨幣墮落（debauch）」。其實凱因斯可以用「貶值」（debase）這個字。在會話中，這個字是表示價值降低、傷害或破壞。事實上，「貶值」這個字的語源正解釋了通貨膨脹。古代錢幣中都含有貴金屬，除非發現新的金礦或銀礦，否則政府沒有辦法鑄造更多錢幣。由於市面流通的錢幣有限，物價因而受到限制。如果每個家庭的錢沒有增加，商人畢竟是無法調高價格的。不過有的時候，部分無恥的領導者可能會鑄造一些金銀成分較低的新錢幣，來增加流通數量。而他們加入的成分是基本金屬，如銅或青銅。結果市面流通的錢幣數量增加，物價因而被推升，使錢幣的價值降低。這些領導者在錢幣中加入基本金屬來改變貨幣基本成分，導致貨幣價值降低，助長了通貨膨脹。

爲什麼大多數的人都痛恨通貨膨脹？

人們痛恨通貨膨脹的理由，與布魯克林道奇隊球迷痛恨紐約洋基隊是一樣的：洋基隊很討厭，「偷走」原本應該屬於道奇隊的錦標。通貨膨脹也很討厭，它讓企業與家庭很難預先制定計畫，甚至使預做規畫成爲很危險的事。舉例來說，在一個孩子出生以後，父母親應該爲她上大學的費用存多少錢呢？如果平均通貨膨脹率是二％，物價每三十六年就會增加一倍；但如果通貨膨脹率偷偷升到八％，物價每九年就增加一倍。現在上哈佛要花十萬美元，但如果是爲今天出生的孩子準備學費，等她上哈佛時就需要五十萬美元。爲了準備大學學費，一對年輕的夫妻是否應該投資年利率七％的十年期公債？如果通貨膨脹率上揚的話，這麼做可能不太好。而且不要忘了，如果這對夫妻是中產階級，他們還得把收入的三分之一拿來繳稅。

許多在一九六〇或一九七〇年代退休，靠退休金過日子的人，發現通膨把生活成本推到遠超過他們預估的水準。有很多人被迫重入職場以維持生活。就在他們以爲自己賺的錢終於可以追上物價時，華府又有人把標準提高。

企業如果必須擔心預期外的價格上揚，也無法有良好的表現。假設有一家美國廠商，正在考慮是否在美國興建一座新廠來與法國對手競爭。該公司的典型做法是，花一大筆錢請顧問做成本效益分析。他們的預估數字起初可能看來不錯，但如果美國的通貨膨脹率開始大幅揚升，那麼這家公司恐怕就無法在價格上與競爭對手匹敵，工廠也可能被迫停工。

通貨膨脹也會增加經濟學者所稱的「菜單成本」，即標籤或標價的變更費用，並對企業造成壓力。每當我們無意間看到老廣告中提到的不可思議的低價位時，總是忍不住要大笑，或大哭。在一九七〇年代初期，福特汽車推出一款名爲麥弗瑞克的小型轎車。車子本身不值一提，但是它一千九百九十五美元的價格，聽起來簡直匪夷所思，這等於現在一組汽車音響的價錢。美國以前有一種汽水叫「原味兩美分」。現在就算是叫一杯冰塊也比這個貴。

我們可以想像一九七〇年代通膨時期的餐廳和商家不斷忙著改標籤，物價幾乎漲了一倍。當然，最高興的莫過於生意興隆的印刷廠。這也難怪到了一九八〇年代，愈來愈多的餐廳自稱爲「小館」，而且用寫上菜名及價格的黑板去取代不斷需要重印的紙菜單。「菜單成本」對餐廳而言似乎不高，但是想想看，要修改停車計費器或投幣式電話，是多麻煩且耗成本的事？

除了菜單成本，經濟學家還討論「皮鞋成本」。因爲通貨膨脹讓人們四處跑動的機會增加，所以鞋子比較容易壞。爲什麼呢？如果通膨升高，利率通常也會上揚，以補償可能收到貶値貨幣的貸款人。高利率會讓人們願意把錢放在銀行，而不是置於口袋。要知道，錢放在口袋裡是不會有利息收入的。在通膨環境之下，如果把錢放在口袋，是會虧錢的，就好像口袋裡有洞一樣。結果就是：每個人跑銀行的次數增加了，而放在口袋裡的錢減少了。就像我們剛才說的，四處跑動的次數增加以後，鞋子的耗損率也會提高。

部分住在象牙塔裡的經濟學家，對於這種通貨膨脹成本的雄辯嗤之以鼻。他們說：「拜託！布希霍茲，不要再口沫橫飛了！」如果每個人都預期通貨膨脹率是一〇%，經濟調整就會很順利，因爲工資會同步上揚一〇%來補貼勞工，利率也會上揚一〇%來補償貸方。不過我還是要說，這種無憂無慮的態度是假設大家都知道通膨會到何種地步。但事實上根本沒有人會知道。從一九七八到一九七九年間，通貨膨脹率飆漲了五〇%。一九七八年簽約同意在隔年以特定價格供應商品的人損失慘重；他們不是被買主坑詐，而是栽在允許通貨膨脹率上揚的政府。預測通膨變動固然極爲困難，不過一旦通膨開始擺脫控制，就會更難預料。

重點是：當企業與家庭相信貨幣能維持平穩，經濟體的運作會更有效率，國家也會變得更富裕。這正是爲什麼在美國經濟學家及歷史學家的眼中，一九七〇年代是最糟糕的一段時期。時尚評論家更是大罵不已，因爲他們目睹聚酯纖維休閒服以危險的速率侵入時裝界。

雖然一九七〇年代的通貨膨脹傷害了大多數人，但還是有幸運者，那就是美國政府。

爲什麼呢？我們以下就會看到，因爲有更多的錢流進財政部的金庫裡。

什麼是變相加稅？

我很想說，美國國稅局局長是推動「變相加稅」（bracket creep）的那隻手，但其實不是他的錯。在累進稅制（也就是錢賺得愈多，要繳的所得稅愈多）之下，雖然薪資因通貨膨脹而增加，但每個家庭其實沒有更富有，卻要繳比以前更多的稅。一九七〇年代同樣是說明這種可怕狀況的最佳例子。當時中等家庭的總收入如果是兩萬美元，他們會落在二五％的稅率級距中，但到了一九八〇年時，同樣的收入會被歸入四〇％的稅率級距。只因爲通貨膨脹，他們的稅務負擔就激增了五〇％。同樣地，年收入只有一萬美元的低收入家庭，在一九七〇年屬於一五％的級距，但十年後就落在二五％的級距。人們不只是感覺比較窮，從實際拿回家的薪水來看，他們是眞的變窮了。

雖然雷根總統於一九八二年制定的「經濟復甦法案」（Economic Recovery Act），將稅率表予以通膨指數化，藉以消除個人收入中的變相加稅，但是柯林頓總統在一九九三年的「預算法案」（Budget Act），又使以高收入美國人爲對象的變相加稅敗部復活。美國政府處理了個人所得變相加稅的問題，但是人們在出售股票、債券或不動產等資產時，還是必須根據灌水的獲利繳稅。舉例來說，如果墨瑞在一九七〇年於紐約證交所買了一千美元的股票，在一九八三年賣出，他可以得到兩千美元，然後為一千美元的價差繳稅。但事實上，同一段期間的通膨率幾乎漲了一倍，所以一九八三年的兩千美元只不過與一九七〇年的一千美元等值罷了。即使他的資產市價增加一倍，但在繳完稅以後，其實他比一九七〇年還窮。由此可知，通貨膨脹與變相加稅讓聰明的投資者元氣大傷，也讓經濟力量和人民信心受到傷害。

雖然雷根總統的顧問很不願意對抗他們在一九八一年進入白宮時的兩位數通膨率，但相較於必須面對超級通貨膨脹（hyperinflation，又稱惡性通貨膨脹）的領導者而言，他們已經算是很幸運了。

什麼是超級通貨膨脹？

那是一種狂亂，一種瘋狂的雜亂無章。超級通貨膨脹來襲時，每個人手上的紙鈔一點用都沒有。物價飆漲入雲，必須用科學記號才能寫下來。比如說，一九二二年夏天到一九二三年秋天，德國物價上升了十的十次方，也就是每個月超過三〇〇%。一千八百個印刷廠必須加班趕印才能供應所有現鈔。因為物價上漲的速度比薪資支票的開付速度還快，所以老闆在一天之中必須付薪水給員工兩次，讓他們得以在午休時間去購物。餐廳客人當然會在用餐之前買單，而酒吧客人會點一大壺啤酒，因為啤酒泡沫消失的速度趕不上價格上漲的速度。在市場購物的人只要多遲疑一秒，可能就要付出更高的代價，因為物價每一秒鐘都在上漲。

在這種情況下，廉價商店成了百萬富翁俱樂部，但這些百萬富翁都很窮。德國過去這段插曲吸引了歷史學家的注意，而德國的鄰國匈牙利，在二次大戰後的狀況更嚴重。當時匈牙利每個月的物價漲幅幾乎是二〇〇〇〇%！人們討論的是一千的十次方（nonillion），這個數字是一的後面跟著三十個零。

超級通貨膨脹當然會摧毀人民對政府及商業交易的信心。想像一個投資人拿著年利率五%的德國債券，他們手中債券上的字，可以說根本是用隱形墨水寫的。一九二〇年代的超級通貨膨脹嚴重破壞了德國穩定的勞工階級，也因此導致納粹的宣傳更加誘人。

什麼因素造成超級通貨膨脹？

政府任令印刷廠毫無控制地印鈔票，多到讓消費者處在一種瘋狂的競標氣氛，把物價向上推升。這種氣氛只會愈來愈濃，因爲大家發現要買就要快，否則價格很快就會再漲上去。而「很快」所指的時間長度會愈來愈短。「謝了，我下星期再買」很快就變成「現在就拿給我，老兄！」最後，錢愈來愈不值錢，大家被迫以物易物，或者用其他的通貨來取代錢，例如香菸。

有個笑話是說，一個德國婦人拎著一個裝滿鈔票的草籃跑到市場買東西。她把籃子放下來去看魚。在她伸手回來拿籃子時，卻發現不見了。小偷只留下一堆沒有價值的錢。

政府只要把印刷廠炸掉，就可以解決超級通貨膨脹的問題。政府常常採取的方法是發行新的通貨，並保證該通貨具有一定價值，例如黃金。一九二三年後半，德國政府發行rentenmark，承諾只會印製與國庫黃金等值的紙鈔數量。這種方法通常會奏效，儘管政府必須很努力贏回人民的信心。

國際債權人常會懷疑債台高築的政府對付超級通膨的決心。爲什麼呢？假設玻利維亞欠加州海倫銀行十億玻幣，相當於兩億美元。玻利維亞解決這筆外債最簡單的方法，就是讓這十億玻幣一文不值。所以該國印了數千億的玻幣，把物價墊高，引發超級通膨，然後把一堆廢紙還給海倫銀行。債務負擔就此消失。事實上，玻利維亞在一九八五年的通貨膨脹率曾高達一二〇〇〇%。爲了避免這種悲劇，國際債權人一般都會強迫不可靠的政府，將其債券以較穩定的貨幣計價，如美金。這麼一來，不管負債是否會變成數不清的玻幣，玻利維亞還是會欠海倫銀行兩億美元。

知道超級通貨膨脹是怎麼開始之後，我們可以再來看看普通通貨膨脹的成因。這讓我們進入第二章的貨幣政策與銀行體系。

如果總體經濟學關心的是整體經濟狀況，就不能不注意其中最大的玩家——政府。我們接著要討論的就是美國政府所扮演的各種角色，這包括全球最大債務人，及美國景氣循環的主導者。

2 欠債累累的政府

- 為什麼政府不平衡預算？
- 聯邦赤字與聯邦債務有何不同？
- 循環性赤字、結構性赤字、總赤字及主要赤字有何不同？
- 美國欠了多少債？
- 赤字會如何影響經濟？
- 現在的赤字會禍延子孫嗎？
- 人們可能為了明天還錢而多存錢嗎？
- 什麼是財政政策？
- 什麼是菲利普曲線？它指向何處？
- 什麼是貨幣政策？
- 貨幣政策如何發揮效用？
- 什麼是貨幣？

● 聯準會如何創造貨幣？
● 聯準會的架構爲何？

一個墨西哥人與一個美國人躺在亞加普科的沙灘上，大談美酒、女人、音樂及美國預算赤字。墨西哥人問：「美國的債務有多大？」美國人回答：「大概有三兆美元。」然後他問那位墨西哥人：「這相當於多少披索？」墨西哥人答：「噢，大概是所有的披索吧！」

一九九〇年代中期以前的十五年間，美國人深爲兩種趨勢所苦：一種是日漸升高的赤字，一種是專家不斷按下警鈴，告訴我們除非把赤字危機解決，否則一定無法安眠。膽小鬼合唱團在新團長裴洛（Ross Perot）領導下發出警告，說我們正朝著滿是紅墨水的黑暗深淵前進。除非我們立刻轉向，否則就會淹死在裡面。

在一九八〇年代前半，這些呼籲讓人沈悶得昏昏欲睡。赤字與國家債務看起來似乎是令人目光呆滯的問題。不過，裴洛人民黨的疾呼，與費奇（John Figgie）寫的《一九九五年破產》等暢銷書，都顯示美國人民似乎比較關心這個問題。但是大部分的人都搞不清楚狀況。參與討論的人往往會把聯邦赤字與國家債務混爲一談，忽略潛在的成因，並宣稱問題可以輕易解決。這一章的目的就是要導正這些言詞的混亂。此外，我們還會探討聯邦政府如何透過預算、稅法及銀行體系，努力維持經濟往前直飛。

爲什麼政府不平衡預算?

把這個問題稍稍改寫一下:政府爲什麼不替你平衡預算?大部分國會議員都會努力維持良好的個人財務,雖然幾年前的眾議員銀行醜聞案,可能會令你懷疑這一點。深陷私人債務的人,很容易受到媒體負面報導的衝擊。他們在籌募資金時可能會遭遇問題。他們的孩子可能無法符合申請助學貸款的條件。而且他們可能會被昂貴的高爾夫球俱樂部拒絕入會。

但是他們讓你的債務(也就是政府債務)激增,卻不會面對同樣的處罰。實際上,聯邦預算的設計就是要讓政客得以免責。這就是爲什麼有些人會把聯邦政府比喻成嬰兒:他的小嘴欲望無窮,但小屁股卻毫無責任感。納稅人常覺得自己好像在扮演父母親的角色,急忙忙在前面餵食,還得忙著處理後面的凌亂。但是這團混亂會愈來愈大。自一九六〇年以來,華府只有兩次勉強維持聯邦預算的平衡,最後一次是在一九六九年。即使現階段最樂觀的學者也都預測,美國政府要到下一個世紀才會達到預算平衡(編按:本書完成於一九九五年,故引用數據及預測皆以當時爲準,事實上美國政府到一九九八年已出現預算盈餘)。

國會藉著分散預算過程來規避責任,沒有任何人眞正爲整體支出負責。如果你跑到華府,想要找出負責決策的某位先生、女士、小組或陰謀團體的話,你會發現自己好像卡夫卡小說中的約瑟夫一樣,找不到任何可以回應的官僚。卡夫卡式的預算程序與十餘個參院及眾院小組有關，每個單位都在搶錢。你可以敲敲農業委員會的門，與他們討論糧票、農產價格補助，但是你接著得趕快跑到程序委員會處理醫療保險。如果想搞清楚醫療保險的問題，你還必須找到寫著「能源與商業」字樣的那扇門，因爲這個委員會與程序委員會共同管轄醫療保險。

這種分權的挫敗造成經濟學家所稱的「共同的悲劇」。雖然這種悲劇裡沒有哈姆雷特，但是它卻告訴我們丹麥的狀況爲什麼看來會這麼糟。在哈姆雷特那個時代，許多牧人共同分享一片草原。當王子在城堡中看見鬼魅時，牧羊人看到的是如鬼魅般瘦弱不堪的牛，而不是在私人草原上放牧的健壯又結實的牛。問題出在哪裡呢？每個牧人都想要養很多的牛，然而草原是共有的，沒有人負責限制吃草的牛隻數目。每多養一頭牛的利潤都由個別的牧人所得，但草原的消耗成本卻是「共同分擔」。

每個國會議員就好像牧羊人，他們都希望儘可能滿足每位選民的需求，或特殊利益團體的希望。某些工業團體要求補貼，另有些團體希望有錢蓋橋，還有些團體可能想蓋隧道。於是，共有的草原被踐踏及過度放牧。雖然某些特殊利益團體變肥了，但是一般納稅人卻必須辛苦清理草原上滿地的牛糞，這種感覺恐怕不太好。如哈姆雷特般的國會議員，當然會拒絕遵守普羅尼亞士（譯註：哈姆雷特女友的父親）的忠告：「不要向別人借錢，也不要借錢給別人。」他們爲什麼要聽呢？反正他們又不用還錢。

解決之道在於促使這些民意代表負起責任，或是採取自動的支出限制。委員會的制度顯然應該進行修改，削減附屬委員會的數目，並限制主席的掌控權。老牌主席如能源與商業委員會的眾議員丁格爾（John Dingell），就控制了半數的國會法案。再者，國會應該要有鼓勵議員削減而不是增加支出的誘因。聯邦辦公室的代表每年年底都會四處奔走，試圖將未花掉的錢分配光。爲什麼呢？因爲他們擔心如果有餘錢被發現，國會就會減少他們下一年度的配額。所以，如果個人能因歸還餘錢至公積金而獲得紅利，不是比較合理嗎？

至於支出的自動限制，華府已經嘗試所謂的「格蘭－魯曼－賀林斯法案」（Gramm-Rudman-Hollings Act）。參議員魯曼（Warren Rudman）形容該法案爲「生逢其時的爛主意」。這項法案本來應該是在聯邦赤字大幅增加時，強迫進行全面性的削減。我之所以強調「本來應該」，是因爲國會有一逮到機會就爲自己解套的習慣。在一九九〇年與一九九三年，美國國會與白宮共同通過削減赤字五千億美元的預算案。不過，要提醒大家注意的是，這些數字代表的是「從基準線」的削減。這意味著支出仍會持續增加，只是速度比原來計畫的慢一點罷了。

以下是一個思考「基準線」的方法。假設哈利每天早上看有氧運動頻道時都會吃甜甜圈。哈利每年都會調整飲食計畫，而過去五年中，他每一年會把每天吃的甜甜圈數目增加一個。去年他每天吃五個，今年他每天吃六個，明年他計畫每天吃七個。但是，看見沙灘上許多苗條身材之後，他終於定了一個新年新計畫——減肥。他決定明年不按照原定基準線計畫：每天吃七個甜甜圈；他只吃六個。哈利會變瘦嗎？結果顯示，他的基準線計畫對實際腰圍並沒有什麼幫助。

聯邦政府的這種承諾也同樣不可靠，除非誘因是反過來的。一九九〇年與一九九三年預算案中赤字削減計畫的絕大部分，不是來自不能減緩支出的增稅，就是來自大開遠期支票。雖然經濟好轉使一九九四年的赤字大幅減少，但柯林頓政府預測到二十世紀末以前，赤字仍將持續增加。凱因斯曾說：「長期來看，我們每個人都會死。」他還應該補充一句：「但赤字會像吸血鬼一樣，永生不滅。」

聯邦赤字與聯邦債務有何不同？

赤字是短暫的年度報告，債務則是一則壯麗的傳奇。換言之，政府會在特定年度中因爲入不敷出而發生赤字，美國一九九三年的赤字即達兩千億美元。政府的債務則是過去各種借貸金額的總計，如國庫券、中期公債、長期公債及美國儲蓄債券等。一九九三年時，美國的債務已經超過三兆美元。

引用故參議員德克森（Everett Dirksen）的話：「這裡十億、那裡十億，很快就會變成一大筆錢。」如果他地下有知，知道這句話裡的十億已經變成兆，這位威嚴的政治家恐怕也笑不出來吧。雖然這是很驚人的數目，但還有更曲折離奇的情節。事實上，赤字與債務的問題很難輕易討論清楚。它們有好幾種定義，每一種定義都能衍生不同程度的政策問題。

循環性赤字、結構性赤字、總赤字及主要赤字有何不同？

就在你自以爲知道什麼是年度赤字，經濟學家又丟給你幾個其他的選擇。就好像漢堡王裡的櫃台人員一樣，即使你已經點好漢堡，他還是會嘰哩呱啦地問你要不要「加蕃茄醬、美乃滋、酸黃瓜片、洋蔥、生菜、芥茉、蕃茄、還是其他佐料？」你會想：「拜託！趕快給我一個漢堡吧！」

「總赤字」就像特大號漢堡。它包括政府所有的現金支出與所有的現金收入。「主要赤字」則把範圍縮小到當年度的數字，它只問當年度計畫是否可由當年的國庫收入支付。它問的問題是：當年度財政狀況是否因爲償還某些債務而變得更好？還是由於累積新債務而惡化？因此，它不包括過去的負債，如長期公債的利息支出，畢竟這些債券是政府在過去年度發行的。由此可知，政府可能有總赤字，卻沒有主要赤字。怎麼會這樣呢？假設今年的稅收可以支付今年的支出計畫，但無法完全支付過去幾年發行債券的利息支出，那麼政府的主要預算就是平衡的。

我們還可以問，赤字的產生是屬於結構性或循環性。我們不太需要擔心循環性赤字，因爲那是指經濟衰退使稅收暫時減少，但社會福利支出增加。事實上，這些反應可以幫助經濟復甦，被視爲自動穩定因子。但是結構性赤字就得小心了。基本上，結構性赤字表示，即使經濟狀況很正常，我們還是會缺錢。當經濟處於暫時性的景氣低迷時，這是沒有辦法的事。但不幸的是，美國政府把結構性赤字推升到相當高的水準，所以即使在一九八〇年代的繁盛時期，美國聯邦赤字仍然持續累積，占國內生產毛額（GDP）比例由二三%增加到三八%。

美國欠了多少債？

很多。比《大國民》導演兼演員奧森．威爾斯晚年的債務還多。同樣地，我們也有很多種方法可以計算債務。最合理的方法是將債務與經濟規模做比較。GDP是我們生產的所有商品與勞務價值的加總，可以衡量經濟規模。若每年負債三兆美元，經濟規模約六兆美元，則負債占GDP的比例約五〇%。五〇%是及格還是不及格？如果從比下有餘的角度來說，這個數據大概可以聊以自慰，因爲五〇%正是其他工業國家的平均水準。

不過更重要的是，我們必須觀察債務情況是逐漸好轉或日益惡化？美國的負債占GDP比例曾在二次大戰時攀越過一〇〇%，因爲當時美國政府大肆舉債，包括被諧星鮑伯霍伯及他身旁美腿姑娘嘲笑的戰爭債券（war bond）。負債占GDP比例在一九七〇年代中期雖曾滑落到二五%，但之後又穩步上升至五〇%。如果把目前的美國負債除以美國人口，每個美國人都有超過一萬美元的債務。

雖然這個數字聽起來很恐怖，不過，有幾件事必須注意。比如說，只看會計總帳中的負債並不公平。政府與企業或家庭一樣也有資產。即使富商大賈與健康企業也會去貸款或抵押貸款，來融通房屋或設備。一位電影業鉅子在他價值千萬的豪宅中，躺在游泳池畔的躺椅上時，我們不會因爲他每個月都必須付貸款，就認爲他是窮光蛋吧？眞正的問題在於，這位鉅子的下部片子有沒有好票房，能不能讓他繼續住在豪宅？一個政府也有極具價值的資產，例如高速公路、建築物、公園、航道及礦產。這些資產都可以貢獻國家收入。

計算聯邦債務另一個比較複雜的方法是，把資產扣掉負債來算出淨值。西北大學教授艾斯納（Robert Eisner）表示，這種計算方法可以使負債看起來不那麼令人絕望。不過，在開心接受艾斯納的樂觀說法以前，我們要注意，即使用艾斯納的寬鬆方法去計算，結果仍顯示，一九九○年代中期以前的十年間，美國的負債已經大幅增加。如果要用艾斯納的計算方法，並把聯邦政府看成一家公司，我們必須估計美國總統雕像山的價值，估算每年的折舊。但如此一來，所有的會計師在衡量負債時，恐怕都會遭遇困難。

雖然艾斯納主張我們必須考慮政府的資產，在分析上是有意義的，但是它會導致危險的政治。爲什麼呢？政客幾乎都宣稱他們中意的工程計畫是一種投資、一項資產，而不是浪費或會增加負債的一般支出計畫。柯林頓曾在一九九三年間將所有他喜歡的支出計畫歸類爲投資。當時的報紙充斥著華麗的詞藻，將糧票、超導超撞機、太空站、道路、社會福利等讚美成投資。艾斯納的方法太容易被扭曲了，所以不應該交到政客手中。

赤字會如何影響經濟？

我們必須注意持續增加的結構性赤字，而不是景氣衰退時額外出現的短暫赤字。循環性赤字就好比住院時發胖的馬文，我們可以理解他的肥胖是因爲住院時不能運動。而結構性赤字就好像馬文出院後體重還是繼續增加，雖然他已經比較健康，但是每天吃一大堆垃圾食物，又不運動。重點在於：持續增加的結構性赤字會危害經濟，就好像結構性飲食失調會危害馬文的健康一樣。

讓我們藉這個馬文的比喻做進一步說明。假設馬文參加一個自助餐會，那裡的食物有固定限量，如果馬文吃的遠超過他的配額，就會有人吃不到東西。這正是聯邦政府的寫照，因爲原本可以分配給私人企業來興建新廠房或買新設備的資金，都被聯邦政府呑掉了。當聯邦政府出現赤字，就會發售更多公債去借錢。不過要記住一點，公司也會發售債券向市場借錢。而臃腫的美國政府就好像大腳哈利一樣，大步走在華爾街上，搶走所有他看到的錢，這些錢大部分來自個人存款。經濟學家將這種現象稱爲貪婪的「排擠效果」。政府的暴飲暴食壓抑了私人投資，進而剝奪可以讓勞工提高生產力與工資的潛在工具。這個問題可能不會立刻顯現，但經過一段時間，當政府愈來愈胖，美國經濟也會愈來愈脆弱。

「排擠效果」會使企業的長期計畫失去吸引力。如果利率是四%，想從市場借一千美元的公司，必須在十五年內收回一千八百美元，否則這項計畫就會賠錢。但是，如果政府借錢的動作把市場利率推升到六%，同樣一千美元的投資就至少要有兩千四百美元的回收才能打平。只能使錢增加一倍的發明與創新，在這種情況下就不再有利可圖了。

這個自助餐夢魘的假設前提，當然是指在政府像豬一樣大吃大喝之後，餐廳不再補充新的食物。餐廳服務生能不能端出新的食物呢？也就是說，私人企業能不能找到美國存款以外的資金來源呢？這就是外國人可以介入餐廳，提供部分解決方案的地方。國際金融市場已經愈來愈複雜，每個國家的股票、債券及貨幣交易都息息相關。當美國政府吃得太多，美國的利率通常會因爲資金需求超過供給而上揚。而外國投資人會把比較高的利率視爲放款的好機會，伺機買進美國的資產，不論是債券或生產廠房等不動產。

外國投資人補充空了的餐盤，舒緩了美國政府暴飲暴食而造成的食物欠缺。在一九八〇年代早期，外國對美國的淨投資從零激增至美國GDP的三·五%。然而，這些外資不能解決所有的問題，也無法滿足美國對資金的飢渴，因爲美國必須把錢還給這些外國投資人。當這些資金回到大海的另一邊，美國的經濟又會失血。總而言之，外資伸手幫忙當然比較好，但如果不需要任何外資就能維持結構性的預算平衡，不是更好嗎？

現在的赤字會禍延子孫嗎？

雖然美國國會與白宮在一九九〇年與一九九三年的預算協議中，宣布總計一兆美元的

「赤字削減」計畫，但是二十一世紀對納稅人來說，看來還是非常危險。目前的預估（很可能會有大規模的修改）是：聯邦赤字占GDP的比例會從一九九三年的五%小幅滑落，然後激增至二○三○年的一二%。因爲所謂的社會福利、醫療補助及醫療保險的強制性支出，將會壓榨納稅人。

誰要付這些錢呢？不是現在住在佛羅里達的退休老人，也不是柯林頓這代的嬰兒潮。今天釘坐在電視機前的孩子，根本不知道自己未來將忍受何等的財政痛苦。明日兒童的命運更悲慘。最近一項研究顯示，未來的美國孩童在一生之中，繳納給政府的錢比今日年輕勞工要多出七○%。只要看看社會福利計畫就知道，一九七二年退休的人在第一年就可提領他們注入該體系總金額的二八%，而這些人的孫子付出同樣的錢，在二○一二年退休時只能在第一年提領五・六%。

有些經濟學家捨棄單純的赤字計算，建議採用「跨代會計」（generational accounting）來計算政府政策對銀髮族、中年人、年輕人及未來世代所造成的負擔。這個方法爲典型的赤字加了些有趣的變化。原本看來是禮物的計畫，在跨代會計的衡量之下，會像個沈重的負擔。假設你最喜歡的叔叔很得意地宣布，他送你的生日禮物是爲你申請加入「每月鮭魚俱樂部」。他釣起一條挪威大魚笑著說，他已經幫你付了十年契約的頭十二個月的費用。噢，天啊！突然間，你得自上一代的「禮物」開始把你壓垮。

同樣地，在一九五○與一九六○年代，雖然聯邦赤字看起來似乎有些縮減，美國政府卻增加公職、軍界退休及社會福利計畫，培養出幾隻非常碩大的魚。相對之下，在聯邦赤字以驚人速度擴增的一九八〇年代，我們可以看到幾項眞正減輕未來世代負擔的政府措施，例如將社會福利退休年齡由原來的六十五歲調高爲六十七歲，以及對社會福利金徵稅。此外，一九八〇年代初期，美國曾投注大量資金於國防支出，因而刺激蘇聯的解體，有助於美國削減未來的國防支出。這似乎是個正確的政府投資，但卻是讓會計師頭痛的難題。

跨代會計就好比家庭糾紛一樣複雜。但是它可以更清楚描繪出，政府現有措施對我們的孩子與父母所造成的影響。

人們可能爲了明天還錢而多存錢嗎？

這是清償未來債務的最好狀況，雖然可能性不大。這是哈佛經濟學者巴羅（Robert Barro）所轉述的李嘉圖（David Ricardo）觀點。李嘉圖在十九世紀早期主張，應該留給子孫足夠償還債務的錢。嗯，雖然李嘉圖本人和他老爸相處得還不錯，但他對於別的家庭沒有那麼樂觀。他懷疑有許多老一輩的人不怎麼在乎年輕人，畢竟有很多人並沒有小孩。實際上，最近的研究顯示，私人存款率無法追上不斷膨脹的美國赤字。雖然李嘉圖的理論可以用時間來證明，但是電影《欲望街車》裡的女主角白蘭芝告訴我們：當我們依靠陌生人的仁慈時，其實是在冒極大的風險。

當然，政府支出不只是沒有責任感的人們在剝削後代子孫，或任由他們的孩子破產。國會在今天花錢可以推動今天的經濟，而我們稱之爲財政政策。

什麼是財政政策？

讓我們再回到馬文自助餐的例子。這次，其他的客人並不覺得飢餓。他們只覺得沮喪和憂鬱。或許某些人失業了，其他人則覺得自己喪失信心，無法邁開步伐走到餐台。權威人士也預言世界末日已經來臨，還說會有更多人被資遣。被比喻爲政府的馬文開始擔心了。他心想，如果我的鄰居不再來這裡吃東西，這家餐廳可能被迫歇業，而更多人失業會讓這個地方更不景氣。

馬文又能怎麼樣呢？他搖搖擺擺地走向自助餐台，一盤接一盤地吃，創造更多食物需求來彌補其他人的節儉。在馬文的全力贊助下，這家餐廳得以維持營業，甚至如果馬文吃得夠多，這家餐廳還可以多請幾位廚師或服務生。馬文刻意大吃大喝的確可以扭轉憂鬱的氣氛。沒有必要讓世界末日的預測謀殺掉每個人臉上的笑容，馬文也能夠把生意清淡的小酒館變成充滿歡樂的酒店。

事實上，這就是財政政策：利用政府的預算（馬文的胃口）去推動經濟。就馬文的例子來說，政府增加支出來刺激經濟是擴張性的財政政策。反過來說，政府可以削減支出爲過熱的經濟降溫，而這是緊縮性的財政政策。國會除了調整政府支出，還可以調整稅率：降稅來擴張民間支出，或增稅來收縮經濟。

雖然馬爾薩斯（Thomas Malthus）在十九世紀初就曾鼓吹積極型財政政策，但將財政政策帶入二十世紀並賦予分析基礎的推手是凱因斯。凱因斯是英國著名的經濟學家，他在經濟大蕭條時發展出最著名的觀點，在學術界及各種一般性場合不斷傳達他的忠告。凱因斯在《紅皮書》（*Redbook*）雜誌中問了一個問題：「美國可以一直花錢，直到景氣復甦爲止嗎？」他的回答是：「當然了，這是一定的！」倫敦與華府的專家幾乎一面倒地教財政部如何控制預算，但凱因斯卻獨排眾議，懇求英國財政部及美國政府刺激經濟。在一封致美國小羅斯福總統的信中，他建議：「政府要主導大規模的放款支出……應優先考慮規模較大、較快完工的計畫，例如鐵路。目標就是要開始推動經濟。」令他失望的是，被他形容爲有一流個性、二流意見的小羅斯福，並沒有認眞考慮他的建議。對這位劍橋的經濟學者而言，即使新政（New Deal）的效果也是有限。

前文曾提過，景氣走下坡時，經濟體會自動刺激財政。怎麼刺激呢？在景氣低迷時，失業保險金會持續給付，而稅收會減少，所以有一大部分的錢還是在消費者手中。當這些作用的效果有限時，很多人會搬出凱因斯，鼓吹「權衡性」財政政策，來「發動抽水機」或「讓經濟再次活絡」。

一九六○年代初是這種政策大顯神威的時期。甘迺迪與詹森的眾多顧問，在一九六四年爲病弱的經濟開出一劑腎上腺素。他們削減約一百三十億美元的稅收。很快地，所有生命跡象都有顯著的改善，讓凱因斯儼然成了最偉大的英雄。所有劍橋的研究所學生（他們引爆了凱因斯學派在麻省理工學院與哈佛之間的戰役），都希望能爲這位偉大的天才塑造雕像。

但在過去二十五年間，經濟學家對凱因斯學派刺激政策的批評，就像鴿子在批判雕像一樣。爲什麼權衡性財政政策常會失敗？讓我們先來數落它失敗的方式。第一，政府的預測常常出錯，而且它開出正確藥量及藥方的能力值得懷疑（一九六四年的成功只是運氣比較好）。第二，政府需要很長的時間才能採取行動。當建議案經過長途的公文旅行終於通過委員會時，政府的支出可能已經太遲了，而且使得自然復甦的經濟熱過頭。更糟的是，實際的支出往往獨惠掌握最大政治實力的團體，所以大嘴巴主席當然可以爲他的選區爭取到一座大橋的興建計畫。第三，正如前文所說，新的赤字支出會推升利率而「排擠」私人投資。第四，由於利率走高，匯率可能上揚。我們在第六章會談到，強勢美元會使美國的出口價格高於其他國家，使出口相關產業的就業機會受到壓迫。

第五，財政政策可能因爲人民的預期而失去作用。舉例來說，如果政府企圖藉暫時性減稅來刺激需求，許多家庭可能會把多餘的錢存起來，而不會花掉。畢竟大部分人的消費型態是以長期目標與預期爲根據，而不是金融看板上跳動的數字。爲了刺激企業購買生產設備的暫時性投資稅額抵減，只會讓公司延後購買。此外，當柯林頓總統於一九九三年提出上述優惠措施時發現，企業會暫停所有採購，直到國會通過該項法案。因此，柯林頓在這項提案終於失敗後眞正看到的，是企業放慢設備投資的腳步。

或許這種論調就是美式足球員所說的「一擁而上」。積極型財政政策的歷史教訓是：我們應該對於自己的知識與成就保持謙遜。普林斯頓大學教授布蘭德（Alan Blinder，曾任柯林頓經濟顧問委員會委員及聯準會副主席）就主張以「粗調」取代「微調」。如果經濟腳步蹣跚，且人民信心動搖，大量而密集的支出或許可以扭轉市場的預期心理。連平時宣稱放棄凱因斯觀點的老布希政府，還是提出首次購屋者享有五千美元的減免優惠，以及其他刺激需求的措施，來爲一九九○年代初期低迷不振的經濟注入活力。不過國會駁回這個案子，所以凱因斯學派沒有什麼機會展現身手。凱因斯學派在柯林頓接手總統職位後還是沒什麼機會，因爲柯林頓政府被迫降低利率來鼓勵經濟，而不是增加政府支出。

凱因斯學派與其批判者經常爭議的主題是菲利普曲線（Phillips Curve）。在一九六○年代，這個曲線會讓經濟學者誤以爲他們可以在衰退與繁榮間巧妙取得平衡。

什麼是菲利普曲線？它指向何處？

經濟學家喜愛發現新的統計關係，因爲可以讓他們名垂不朽。所以，我們會看到海伯格三角（Harberger triangle）、歐昆定律（Okun gap）、凱因斯乘數（Keynesian multiplier）與菲利普曲線。雖然經濟學家其實與我們每個人一樣，都寧願長生不老，不只是透過公式而名垂千古，但是「沒魚蝦也好」，他們願意接受後者。一九五八年後的十年之中，菲利普（A. W. H. Phillips）似乎藉著他的理論，在經濟史上找到一個永恆的地位。他記錄整理一八六一至一九五七年間的通貨膨脹率與失業率，指出兩者之間存在長期的相反關係。根據菲利普曲線，當失業率走高，物價會處於低水準，失業率走低時，物價則會揚升。

菲利普的分析似乎送給決策者一份中餐菜單。他們可以從A欄中選一樣菜叫失業率，在B欄中選另一樣菜叫通貨膨脹。薩繆森（Paul Samuelson）等凱因斯學派的偉大經濟學家，在一九六一年時可以指著高達六．五％的失業率，建議政府應該將它降低至五％。儘管物價會因此上升〇．五％，但他們認爲這樣的抵換關係仍屬合理。

但菲利普曲線的魔力後來消失了。傅利曼（Milton Friedman）與費爾普斯（Edmund Phelps）說服經濟學專家，菲利普曲線只是暫時性的抵換關係，所以政府擴大支出只會推升物價而不能壓低失業率。事實上，在一九七〇年代停滯性通貨膨脹時期，傅利曼與費爾普斯的觀點就戳破了菲利普曲線的神話。當時這條曲線似乎要往外延伸，代表美國與英國同時遭遇高失業和高通膨。記住，菲利普曾指出，如果其中一者向上，另一者必然往下。而在一九八一至一九八二年的景氣衰退期之後，通貨膨脹率大幅滑落，失業率卻也開始向下走，速度遠快於大多數經濟學家先前的預測。對菲利普曲線抨擊最嚴厲的人，是曾於一九七〇年代中期出任勞工大臣的前英國首相卡拉漢（James Callaghan）：

我們本來以為可以藉著減稅或刺激政府支出，來擺脫景氣低迷的夢魘。但我老實告訴你吧！那種方法已經不存在了。而且據我所知，即使它曾經存在，也只有在為經濟注射更高劑量的通貨膨脹，讓高失業率緊接著出現時才有用。

回顧過去，其實菲利普曲線從來沒有達到不朽，只享受了短暫的榮耀。雖然菲利普曲線的爭議似乎已經結束，但另外一個相關的爭議又開始了：聯準會握有多大的經濟掌控權？我們對於聯準會控制經濟的信心有多強？這些問題會引導我們進入貨幣政策的議題。

什麼是貨幣政策？

我們都知道，好的東西如果過量就會變得不好。過多的氧氣雖然會讓人極度興奮，但最後會降低人們的活力。但是，錢會不會嫌多呢？當然，我們每個人會很希望變成一千萬美元的抽獎得主，可以得到一部全新的敞篷跑車。但如果所有的美國人都獲得一千萬美元大獎，會發生什麼事呢？每個人都會變得很有錢嗎？不會。滿天飛的鈔票很快就會擾亂人們的生產能力。這些美金不能增加產出或推動強壯的經濟，只能將物價向上推升罷了。在每個人的薪資與商品價格後面加一堆零，也可以達到相同的效果。就像亞當・史密斯（Adam Smith）指出的，評估我們財富的唯一方法，是依據我們能買的商品與勞務，而不是表面的數字。由此來看，日本的百萬富翁當然不富有，因爲一美元至少可以換一百日圓。貨幣政策就是將正確數量的貨幣注入經濟體系：貨幣的數量要足夠去買所有的商品與勞務，這樣每個想要工作的人都有一份工作，而物價又不會太高。這不是件容易的事。舉例來說，貨幣當局必須能靈敏評估國家的生產力。有關貨幣政策的文章大量出現在學術性期刊和報紙上。但美國參議員每年還是會舉行好幾次聽證會，痛罵聯準會誤用貨幣政策。這好像已經成爲一種華府的運動了，而聯準會的官員也已經練就一身好功夫，可以接受口頭上的攻擊，寫下一篇洋洋灑灑的文章，但就是不讓你找到任何重點。聯準會主席葛林斯班技巧性的聲明，令人不禁回想起邱吉爾當年對政敵艾德里（Clement Attlee）的批評：「他可以用最多的詞藻去敘述一件最微不足道的事情。」政客一般都相信，中央銀行的官員對貨幣供給過於小氣，對通貨膨脹又過於擔憂。

雖然參議院可以痛責聯準會，但中央銀行是獨立於國會與白宮的機構。理事會七位委員是透過總統提名，必須經過參議院確認，但不論是立法或行政體系都不能強迫聯準會改變貨幣供給和利率。老布希任內的財長布雷迪就曾不斷致函葛林斯班，要求他刺激景氣，但都徒勞無功。葛林斯班通常用一些隱喻來回答他：「美國的經濟正遭遇時速五十哩的逆風。」

由於聯準會可以不受制於由民意選出的官員，所以它在全球金融市場中擁有極高的公信力。德國的聯邦銀行（Bundesbank）也具有類似的地位。法國爲了提高央行的公信力，直到最近才讓它脫離政治色彩。中央銀行就好比最高法院，只有在阻絕政客的情況下，才能最謹慎行事，因為政客通常會吵著要刺激經濟，尤其是在選舉年時。

貨幣政策如何發揮效用？

聯準會控制短期利率及掌握貨幣供給來制定貨幣政策。當聯準會想要加快經濟成長腳步時，它可以調降利率，以及（或是）增加市場流通的貨幣。這些動作會驅使家庭和企業增加商品及勞務的消費。以調降利率來說，它會刺激汽車和房屋貸款。德國聯邦銀行為了對抗嚴重的經濟衰退，就將短期利率由一九九三年七月的八．七五%，逐步調降到一九九四年七月的四．五%。

當經濟可能過熱，並有引發通貨膨脹的疑慮時，央行可以調高利率或減緩貨幣供給的成長。自一九九四年二月起，葛林斯班每隔幾個月就調高短期利率，他說自己是將原來過度「柔性」的貨幣政策調整為「中性」。令金融市場失望的是，葛林斯班並不願預告何種利率水準是「中性」，因此市場不斷猜測底限到底在哪。同一期間，汽車貸款及房屋抵押貸款的利率升高，為最重要的經濟環節踩下煞車。聯準會前任主席伏克爾（Paul Volcker）為了抑制一九八〇年代初期高達兩位數的通貨膨脹率，也曾決定調高利率並減少貨幣供給。這些動作將經濟推落谷底，但也同時收服了通膨怪獸。

雖然中央銀行掌控巨大權力，但我們不應該高估它對經濟的長期影響。央行無法讓工廠管理更有效率，無法使勞工更努力工作，也無法誘使發明家發明更多東西。央行只不過是供應經濟引擎的燃料罷了。它必須很清楚應該給引擎多少油才不會滿出來，應該在何時減少多少燃料而不會讓引擎熄火。就好像加油站不能改變引擎的馬力一樣，央行也無法改變經濟體的生產力。這個事實讓政客非常沮喪。央行通常是最佳的代罪羔羊，但是它無力解決危機。舉例來說，雖然德國經濟不振的理由往往是德國聯邦銀行無力掌控的因素，例如兩德統一的龐大成本，以及高薪勞工不具競爭力等，但它還是常常受到各界責難。

這些央行權力的限制讓我們再度回到菲利普曲線的爭議中。在傅利曼與費爾普斯破解菲利普曲線以前，經濟學者以爲央行可以推動經濟，並將失業率壓低到由生產力與各種非金融因素所決定的「自然失業率」。但是傅利曼與費爾普斯努力教育大眾，擴張性貨幣政策只是短暫的麻醉，效果很快會退去，人們最後只能擁抱高物價，不是永久的新工作。

既然我們已經說明了貨幣政策，也瞭解聯準會如何供應鈔票，現在讓我們問一個更基本的問題：什麼是貨幣？

什麼是貨幣？

乍聽之下，這個問題好像很愚蠢，而被問者的反應可能跟爵士大師路易斯．阿姆斯壯一樣。他在被問什麼是爵士樂時回答：「天啊！如果你還得問這個問題的話，你永遠都不會知道的！」事實上，貨幣是一種很複雜的觀念。就因爲太複雜，所以政府會注意各種貨幣供給的統計數字。貨幣不在化學週期表上，它並不是一個純粹的觀念。如果大家都同意，大富翁遊戲的假錢也可以當作眞錢。在一九八〇年代的熱門電影《上帝也瘋狂》裡，空中掉下來一個可口可樂的空瓶子，被一個非洲土著發現。這個形狀特殊的瓶子隨後變成這個部落的聖物。當然，可樂瓶子能被當作貨幣來交易。在戰俘營中，香菸就常會爬到這樣的地位。我們可以引述美國娛樂界名人葛丘．馬克斯的話：「一千元是什麼？不過是雞飼料罷了。不足掛齒。」事實上，雞飼料的功能還是可以與美鈔一樣，只不過人們去自動提款機領錢時，比較不容易撿起機器吐出來的飼料。

雖然聯準會還沒有將雞飼料或可樂瓶子當作貨幣，但是他們一直關注著三種不同的貨幣供給定義。報紙也會定期公布這三種數據。聯準會對第一種定義最狹窄的貨幣供給稱爲M_1；它只是單純計算所有的錢幣、紙鈔及支票存款。M_2的範圍則包括M_1及儲蓄存款與小額定期存款。M_3則是M_2加上大額定期存款。美國在一九九三年時的M_1剛好超過一兆美元，M_3則超過四兆美元。

附帶提一句，這些貨幣供給的數字不包括黃金。自一九七一年以後，美國的貨幣供給中就完全不包括黃金。坊間有本講貨幣供給的書寫道，如果有讀者對這件事覺得不安，不相信手中的美金，他們應該把可疑的美金寄去給作者。我贊同他們的辦法，但是請讀者不要寄給他們，寄給我就可以了。

如果黃金不為貨幣供給背書，什麼東西可以呢？信用。也就是說，聯準會、美國政府及美國納稅人的信用。全世界的人都接受美金，因為他們相信美國政府及美國納稅人會清償債務，不會推升通貨膨脹讓美鈔成為廢紙。

聯準會如何創造貨幣？

剛才我們說過，貨幣不會出現在化學週期表上。它也不會出現在物理學家的實驗室裡，因為貨幣不像物質；它可以被創造，也可以被毀滅。央行可以督促私人銀行增加放款來創造貨幣，而它有三種工具可以達到這個目的。第一，它控制各銀行必須保留不得貸放出去的存款比例，這稱為「存款準備率」。假設央行將存款準備率定在二〇%，表示各銀行可以將存款的八〇%貸放出去。舉例來說，瓊安走到銀行用一百美元開了戶頭。這個存款就是全國貨幣供給的一部分。瓊安高興地帶走銀行送的果汁機。如果艾爾隨後到那家銀行借了八十美元，這個八十美元會跟瓊安的一百美元存款一樣，被計入貨幣供給中。此時，貨幣供給已經增加了一百八十美元。如果艾爾將這個八十美元存到支票存款，該銀行可以再借出其中的六十四美元，這六十四美元又會被列入貨幣供給。每次有人向銀行借錢，貨幣供給就會增加。因此，瓊安的一百美元存款促成一連串的借貸，而每筆放款都被計入貨幣供給。存款準備率愈低，貨幣乘數（money multiplier，編按：即貨幣供給相對於準備貨幣的倍數）就愈大。假設聯準會突然提高存款準備率到五〇％，銀行就必須討回借出去的錢，因而使貨幣供給緊縮，經濟成長減緩。

聯準會用來操控貨幣供給的第二種工具是「重貼現率」，也就是聯準會借錢給銀行的利率。如果聯準會想要讓私人借貸快速增加，它可以調降重貼現率，吸引銀行向聯準會借錢，再將這些錢轉借給大眾。聯準會也可以調整重貼現率來協助有財務危機的銀行。

第三，聯準會可以買賣政府公債來操控貨幣供給，這稱爲「公開市場操作」。例如，聯準會可以自私人部門購買長期公債來擴大貨幣供給。這是怎麼發生的呢？聯準會可印製鈔票來換取私人持有的公債，而私人拿到的現金會被計入貨幣供給，聯準會持有的公債則不列入。同樣地，聯準會可以向私人出售公債來緊縮貨幣供給。由於私人購買者會以現金或支票去換取公債，所以貨幣供給就會縮減，而民眾換得的公債不屬於貨幣。聯準會的公開市場操作委員會（FOMC）就負責進行這些公開市場操作。

聯準會調節貨幣供給與利率，也控制了家庭的「流動性」（liquidity）。每個家庭都希望以特定的方式去管理支出和存款，並且擁有短期支出所需要的現金。他們可能會把這筆錢放在錢包、支票存款帳戶、甚至餅乾盒裡。聯準會向民間購買較多公債時，釋出的現金比人們原先想有的更多。民眾會把這些「額外」的錢拿來做什麼呢？把它花掉。因此，當聯準會增加通貨時，也使民眾擁有更多的流動性資金，更願意去花錢。

雖然上述這些策略無法讓聯準會直接控制貨幣供給，但聯準會可以嘗試調整銀行準備水準。聯準會注意銀行的準備，然後利用貨幣乘數去計算最後會發生多少借貸。當然，這些計算並不精確，因爲有時候銀行會比其他時候更想放款。凱因斯也曾在一九三〇年代警告小羅斯福，增加貨幣供給無法幫助美國走出經濟蕭條，就好像一個骨瘦如柴的人，就算幫他買再寬大的皮帶，也無法讓他胖起來。

在一九九〇年代初期，聯準會也曾擔憂會出現「信用緊縮」，因爲銀行與借款者似乎都沒有意願從事借貸。雖然聯準會把錢挹注到各銀行，但是貨幣供給仍然未見起色。同一時期，各種不同的貨幣供給指標似乎分道揚鑣；M_1向上激增，M_2則遙遙落後。經濟學家一直搞不懂，爲什麼外匯存款與支票存款的數字變動時，定期存款卻在原地踏步。毫無疑問地，金融界發生了革命；將儲蓄投入共同基金與其他非銀行體系的人愈來愈多，使得貨幣關係日趨複雜。一九九三年六月，葛林斯班向國會坦承，貨幣供給指標的可靠性愈來愈低，已經無法幫助他制定利率政策。所以現在聯準會不只依據單一指標來引導利率，它觀察的重點更廣，包括工資水準以及美元兌換其他貨幣的匯率。諾貝爾經濟學獎得主薩繆森曾用一個比喻，來說明聯準會這種新的折衷主義與彈性：「有時候我會吹著熱湯，想讓它冷下來；但有時候我會對著我的手哈氣，希望讓它溫暖一點。」

雖然聯準會主席擁有驚人能力，可以動搖及安撫從華爾街到孟買的投資人，但他無法單獨行動。事實上，國會創立聯準會，是爲了可以小幅度地分散權力。

聯準會的架構爲何？

聯準會理事都在華府憲法大道上的一棟宏偉大理石建築內辛勤工作。每位理事的房間都有一個戶外陽台，可以從最好的角度看到美國國慶日的煙火。許多華府社交界的活躍人士都很嚮往能獲得邀請，在七月四日與這些理事歡度國慶。

美國國會於一九一三年創立聯準會。爲了確保地理上的多樣性，以及政治體系外的獨立性，七個理事必須來自十二個不同的聯邦準備區，每個地區都有一家區域性的聯邦準備銀行。如果你拿起一張美鈔，你可以看到發行這張鈔票的聯邦準備區的印記。爲了確保獨立性，聯準會理事任期可以長達十四年。但實際上，多數理事在任期屆滿前就離職，因爲很多人無法抗拒華爾街豐厚利潤的召喚。

聯準會主席是由美國總統任命，任期四年，不會跟著總統而換人。所以新上台的總統，可能必須在前幾年延用上任總統任命的聯準會主席。雷根接收了卡特在任時的伏克爾，而老布希與柯林頓則接收了葛林斯班。這種交接的情況可能很敏感，因爲金融市場偏愛穩定。以老布希爲例，他就很擔心如果不再任命葛林斯班當主席，美國股市與債市會重挫。難怪葛林斯班會獲得連任。在過去幾十年間，聯準會主席是記者一個最好的題材，因爲他們風格特殊，對全球市場具有呼風喚雨的能力。一九七〇年代，個頭矮小的伯恩斯（Arthur Burns）啣著一根菸斗，頭髮中分，活像個老古板。六呎七吋高的伏克爾口含一支大雪茄，足以鎭壓記者會全場。伯恩斯與伏克爾的用字遣辭都極為謹慎，從不透露眞正的想法，讓財經記者或參議員只能霧裡看花，努力猜測他們的意圖。

聯準會的理事不是自行制定政策。他們從各地聯邦準備銀行的總裁得到協助。FOMC的成員包括所有聯準會理事，以及五位不同地區的聯邦準備銀行總裁。雖然聯準會決策採取多數決，但主席的意見還是比較有分量。在古老的政治傳統中，主席總是掌控參謀及預算。理事鮮少反對主席和他的建議，通常授權聯準會主席來決定。以一九九三年春爲例，理事們投票同意給予葛林斯班在利率決策上的不對稱權力。其實那就是說，理事們告訴葛林斯班，他可以在不經過他們進一步同意的情況下，小幅度地調高利率，但不能自己決定降息。

聯準會的會議從不公開，這讓某些國會議員很感冒，因爲他們總是想把憲法大道上宏偉殿堂內的祕密公諸於世。聯準會的行動可以左右金融市場，所以只要挖到一點點內線消息就可以大發橫財。有關聯準會的謠言，甚至某位理事的健康問題，都會影響到市場的漲跌。一九九三年夏天，我的辦公室不斷有來自華爾街的電話，詢問葛林斯班到底是否眞的生病，還是因爲要留在家裡調高利率，而取消到北歐的行程？我打電話到聯準會求證。結果原來是有人聽到葛林斯班打了個噴嚏。但金融市場實在沒有必要因爲他打噴嚏而感冒。

不論聯準會或白宮如何促進經濟成長，眞正決定是否有新的工作機會被創造出來的，還是民間。我們將會在以下兩章，觀察企業和家庭的日常決策過程如何實際推動經濟。

第二部

經濟學者的工具箱

3 愛荷華州的衝浪板

- 自由市場如何運作？
- 物價如何引導市場運作？
- 市場可以在缺乏完整資訊的情況下運作嗎？
- 什麼是邊際學派？
- 邊際學派如何看待供給與需求？
- 什麼是彈性？彈性爲什麼很重要？
- 競爭市場是否已被大企業摧毀？
- 獨占與寡占爲什麼今非昔比？
- 什麼是自然獨占？
- 什麼是反壟斷法？

一九六〇年代以滿口髒話出名的美國諧星藍尼・布魯斯曾說：「共產主義很糟糕，噢！就好像電話公司一樣。」在他說過這句話後，他和共產主義都死了，陪葬的還有獨占美國電話業的馬貝爾（Ma Bell）公司。但是藍尼・布魯斯的看法仍然繼續存在：市場競爭爲生活帶來很多好東西，中央計畫只不過激發了逃避者的創造力。

我將在本章中解釋，競爭與其孿生夥伴——需求與供給——是如何把消費者與生產者同時集合到市場上。經濟學家將這種研究稱爲個體經濟學，因爲它著重家庭與企業的小規模個別決定，例如：「我需要再買一罐鮪魚嗎？」「我應該多製造一輛車嗎？」「我能降價來打倒對街的競爭者嗎？」雖然這些聽起來是範圍狹窄的普通問題，但卻是現代社會的基礎。事實上，當政府忘記個體經濟學原則時，受傷的往往是一般民眾。我們將會討論政府在市場中所扮演的角色，並找出錯誤和成功的例子。

幾乎每個經濟學家都會同聲譴責的愚蠢錯誤，就是租金管制。將價格刻意控制在低水準會造成兩個結果，其一是可出租單位供不應求，其二是房東吝於維修。連越共領導階級都把這個問題比喻爲轟炸，可以摧毀一個城市。一九八九年時的越南外長曾說：「美國人無法摧毀河內，但我們卻以極低的房租毀掉自己的城市。我們發現這種政策的愚昧，而且瞭解必須改變。」越南人最近的談話聽來好像他們已經讀過亞當・史密斯的書，因爲他們現在似乎瞭解，是競爭而非政府的控制，才能讓人民過比較好的生活。或許這是因爲他們剛剛發現了一卷藍尼・布魯斯的喜劇輯，是二十五年前某個美國大兵留在越南的。

自由市場如何運作？

每個星期天報紙的廣告都特別多：「大降價！」「假日減價！」「不經過中盤，差價給客戶！」「別家找不到的低價！」「三十天價格保證：如果找到更低價，我們付你兩倍差價。」這場零售業者與批發商之間的肉搏戰，得利的是誰呢？是消費者。商家其實不怎麼喜歡殺價，但要維持競爭優勢，就必須儘可能降低成本。他們是人在江湖，身不由己。布魯克斯兄弟服飾紐約分店曾被盜走了價值約二十萬美元的服飾。有位店員打趣，如果小偷在兩個星期前的拍賣活動來就好了，因爲這樣的話，這家店就可以少賠二〇%。

當然，這種「買家市場」並非存在世界各個角落或任何時間。但相較於其他國家，美國市場顯然冒出較熱烈的競爭火花。其他國家的消費者就只能讓自己冒火了，因爲他們爲食物或服裝所付出的價格太過昂貴。英國安逸、無朝氣的零售業，最近因爲美國好市多（Costco）等折扣商店的入侵而受到劇烈震撼。日本雖然是個富有的國家，但是一般民眾必須至少工作一個小時，才能買得起一顆哈密瓜（還好他們冰箱又小又貴，只放得下幾顆昂貴的柳橙）。日本政府直到最近才承認人民被剝削——不是被過度競爭的公司，而是被毫無競爭力的業者。社會學者很愛把資本主義形容爲「貪婪」，但在缺乏競爭的地方，我們看到更嚴重的貪婪。

讓我們拋開政治口號或宣傳標語，找一個例子來說明，看看自由市場競爭如何驅使一個自利的人，在早上起床後向外探查，然後決定他要利用地球提供的原物料來生產東西，滿足其他人而不是自己。生產的數量不是根據他的喜好，而是其他人的需要；訂定的價格不是根據他自己的想像，而是反映鄰居對他所生產東西的評價。

假設這個人是湯姆。他的腦筋不怎麼靈光，但他決定要做賺錢的木匠。他起床後會邊喝咖啡邊聽海灘男孩的音樂。然後他靈機一動：為什麼不生產衝浪板來賣呢？用來自俄勒岡州的特殊加工木板，每片只要四十美元。湯姆每個星期可以鋸好一片，然後用砂紙把它磨亮。他決定把每塊衝浪板的價格訂在兩百美元，於是開始夢想著發大財，可以買一輛很拉風的跑車，到棕櫚遍布的南加州海灘去度假。

問題來了。你知道，湯姆從來沒有去過加州，他住在愛荷華州。這個地方對衝浪板的需求不大，而且我們剛剛說過，湯姆的反應比較慢。

他在愛荷華的艾姆斯小鎮開了一家店，就在拖車修理店的對面。他的鄰居看到後都嗤嗤笑著。位於內陸的艾姆斯，大概要到很久以後才有看到大浪的機會。最後，深愛他的女友花十美元向他買了一塊衝浪版。而湯姆放棄了這個生意。亞當．史密斯的「看不見的手」（請見第八章）則豎起了大拇指。為什麼呢？

湯姆很貪心，觀察力又不好。他不去生產一些鄰居要的東西，只根據自己的夢想鋸著木頭，再把鋸好的木頭磨得閃閃發亮，但這些東西對他的鄰居完全沒有用處。而且他還漫天要價。當然根本不會有人想買，即使是以成本價求售，也沒有人要。難道湯姆不應該提高定價到成本以上嗎？可以，但這不是重點。答案不是他不該收高一點的費用，而是他根本不該在愛荷華生產衝浪板。市場那隻看不見的手爲了湯姆的破產而歡呼，因爲湯姆浪費寶貴的資源在製造沒有用的板子。畢竟俄勒岡州的樹不過只有那麼多。

市場會驅使人們增加原物料價值，而不是減少。湯姆拿了價值四十美元的木頭，切開、鋸斷、磨光，然後做出一樣東西，價值比他女友出的十美元還少。而那隻看不見的手，差點對湯姆豎起中指。

讓我們重新開始。湯姆把那張海灘男孩的唱片摔成兩半，看著滿房間的衝浪板。又有個念頭出現在他腦海。爲什麼不賣滑板呢？愛荷華的確沒有沙灘，但柏油路到處都是。他找到願意用五美元賣木板及輪子給他的木材廠及五金店。他每星期可以生產二十個滑板，並且根據過去當木匠的經驗，估算自己的週薪應該是兩百美元。若再加上工具及租金，他生產每個滑板的成本是二十美元。湯姆上街觀察競爭對手，發現其他商店的滑板都要賣二十五美元。現在湯姆不但可以付給自己每週兩百美元的薪水，還可以賺錢呢！當然，他得每個星期都賣掉一定數量的滑板。

湯姆終於可以把原料做成價值更高的產品了，這也讓那隻看不見的手感到很高興。自由市場驅使凡夫俗子變成鍊金術士，他們必須把基本物質轉變爲更有價值的東西。電腦裡的半導體晶片是由矽做成的，而矽是砂的一種形態。加州矽谷到處都是現代的梅林魔法師，他們把這種普通的東西變成奇妙的電腦。一九五〇年代在奇異電子（GE）工作的科學家，曾經實際發展出一項技術，可以將普通東西如鋪屋頂的焦油、甚至花生醬變爲鑽石。相較之下，湯姆一開始的衝浪板專賣店就好像反鍊金術的實驗室，而這位反鍊金術士最後只能破產。如果一個人能把花生醬變成鑽石，那才眞的是天才。當然，市場只有在民眾需要這樣的技巧時才會綻放笑容。但如果一個國家是由八歲孩童治理，他們可能希望G.E的天才別動他們花生醬三明治的腦筋。

物價如何引導市場運作？

再回到湯姆的例子。假設他想要多賺點錢，好帶女朋友到南加州度假。他爲什麼不乾脆把滑板售價由二十五美元調高到三十美元呢？他不能這麼做。如果湯姆調高價格，他的獲利不但不會成長，反而會下降，因爲客人一定不會光顧他的店，而去其他比較便宜的店購買。

當然，所有的滑板銷售商可以合議同時漲價。但通常會行不通。首先，這些銷售商的集合就像一個委員會，很難達成共識。正如偉大的外交家肯南（George Kennan）說的：一個委員會要達成共識的可能性，依委員會人數的平方而遞減。就算大家達成協議，可能又會有其他自利的人發現滑板業有暴利可圖，因而加入這個市場開新店。這些積極的新對手可以把價格訂在湯姆的售價之下，奪走這個卡特爾（cartel，同業聯盟）的生意。

價格與獲利向企業家發出訊號，讓他們瞭解應該生產什麼，應該訂多少價格。高售價與高利潤會很快拎起企業家的耳朵，大聲要他們開始生產某種商品。有一家健身器材業者雇用一群肌肉發達的年輕男子，要他們全身是汗地站在昂貴的健身器材旁。不久，市場上就出現十幾家類似產品的新業者，導致這家公司的市占率和獲利率雙雙下滑。這家公司突然看來不再強壯，行政主管也開始焦頭爛額。正當高水準的售價吸引新業者進入同一個市場時，低獲利與虧損緊緊抓住經營者的襯衫領口，無情地搖著他，直到他決定停止生產、改善產品或降低售價為止。幾年之前，有幾家歐洲汽車業者，包括標緻及史特林，都因為無法應付激烈競爭而先後退出美國市場。

價格與利潤本身是很呆板的觀念。但是在這些經濟工具背後，還有一些更基本的東西。利潤很高到底是什麼意思？那表示人們很想要某種商品。如果消費者決定要買配備安全氣囊的車子，這種車子的需求就會增加，生產廠商就可以調高價格。而沒有安全氣囊的車商則需要做一些調整；他們可以把工人從一個工廠調到另一個工廠。但車價終究會回到正常的水準。

在過去十幾年內，電子產品的價格大幅滑落，但是品質比以前更好，功能也更多。今天桌上型電腦的運算能力比早年指引阿波羅號登上月球的龐大電腦還強（而且體積小多了）。早期太空船可能就是因為休士頓控制中心的空間非常大，所以才在那裡指揮發射）。如果汽車業也能反映這種不可思議的進步，成功縮小體積及降低價格，今天的勞斯萊斯應該只會像紙板火柴盒一樣大，價格也將只有十美元。

許多東西的價格都降低了，從電腦、CD隨身聽到行動電話皆然。不只是因爲業者降低成本，也是因爲有許多高科技廠商跨越國界，爭奪各種商機。就長期來說，任何產業都只能賺取正常利潤。自由市場會自動吸引許多類似湯姆這種自利的人，來滿足陌生人的欲望。中央計畫者和工頭在此毫無用武之地。

市場可以在缺乏完整資訊的情況下運作嗎？

可以。經濟理論有時會混淆普通常識。雖然大部分的人都同意先思而後行，但是經濟學家可能不會。偉大的海耶克（Friedrich von Hayek）認爲，人們在不知道所有事實而行動時，文明才會進步。市場允許人們在沒有蒐集到所有相關資訊的情況下（基本上，蒐集所有資訊是不可能的），去做決定或採取行動。怎麼做呢？讓我們來看看海耶克尖銳的邏輯：

假設世界上某個地方，使用錫的機會增加了，或是某個錫礦封閉了。不管哪個原因使錫更爲稀少，對我們的目的一點也不重要。錫的使用者只需要知道，他們以前習於使用的錫，現在是到處都搶著要，所以他們必須節約使用。人們甚至不需要知道這種緊急的需求出自何處……只要有人直接知道這種新的需求，將資源轉換成錫，而瞭解這種供需新差距的人也以其他資源來取代，整個經濟體系便很快受到影響。不只是錫的使用，錫的代用品和代用品的代用品，以及所有用錫做的東西與其代用品等等，都會受到波及。而這些幫助發展出替代品的人們，完全不知道這些變化的原始起因。

海耶克對政府干預經濟最嚴厲的批評，就是這種「無知論」——政府不可能有辦法從全世界蒐集到足夠的資訊，然後明智地選擇錫的價格應該是X或Y美元。換句話說，市場參與者在做選擇時，除了價格之外，並不需要知道其他的事。

除了錫以外，我們還可在其他更美味的商品後面看到海耶克的觀點。假設廚師特洛伊會做一道極好吃的魚羹，他在魚羹裡可以加入任何材料，比如說蝦子、干貝、黑鱈、狹鱈、笛鯛及比目魚。每天早上，特洛伊都會到曼哈頓下城東區的富爾頓魚市，視察當天的漁獲狀況。如果漁民抓到的黑鱈比較少，所以價格比較貴，特洛伊可以改買比目魚。他不需要質問老漁夫爲什麼黑鱈的價格比較貴。他只需要知道，今天他做的魚羹裡面會有比較多的比目魚肉。當然，特洛伊自己生活中的問題已經夠多了，實在不需要去擔心黑鱈的問題。市場讓他可以繼續工作下去。

海耶克借用哲學家懷海德（Alfred North Whitehead）的辛辣之言來支持無知論：

很多彼此抄襲的書或重要人物的演講中都會提到，我們應該培養凡事思考的習慣。但這是極爲錯誤的陳腔濫調。我們應該反其道而行才對。在我們不假思索就去做某些重要的事情時，文明才會進步。

我們可以想像一下，一邊開車一邊注意活塞起動的連續動作，火星塞點燃、輪胎開始轉動、車子開始變速；還有，一個瘋子突然跑進你的前方車道。懷海德與海耶克都同意，你只需注意最後一件事就好了。

什麼是邊際學派？

既然經濟學是對選擇的研究，所以我們現在應該要問：人們如何去做選擇？在本章一開始，我們用日常的問題來說明個體經濟學，例如是否應該再買一罐鮪魚。十九世紀的經濟學家發展出邊際學派來改善分析方式。英國的馬歇爾與傑逢士是將這種新學派帶入主流經濟學的功臣。如果沒有他們的努力，我們恐怕無法解釋類似鮪魚罐頭的重要議題。

接下來有三個從文學及娛樂界摘錄的例子，可以將邊際學派解釋得比個體經濟學教科書的眾多圖表更清楚。

第一個例子來自渥夫（Evelyn Waugh）的小說《獨家新聞》（*Scoop*）。書中描述一位英國報社老闆，質問一個永遠只有兩種回答的編輯。如果老闆說的是正確的，編輯就會回答：「的確如此！」如果老闆說的是錯的，這位諂媚的編輯就會回答：「很接近了！」

「我想想看，我要說的地方是哪裡？日本首都？橫濱，對不對？」

「很接近了！古柏閣下。」

「香港是我們的領土，對不對？」

「的確如此，古柏閣下。」

美國老牌諧星楊曼常會說些讓人哭笑不得的話。他的經典台詞值得哲學教授深思。有人問他：「你太太好嗎？」他反問：「跟什麼比？」

西部電影《原野奇俠》中的小男孩，苦苦哀求他心目中的英雄：「西恩，回來！回來，西恩！」但是那位牛仔決定往前走，永不回頭。

這些故事如何解釋邊際學派呢？想像你到一個很棒的遊樂園，裡面有最驚險刺激的雲霄飛車、水花四濺的木材滑水道，還有最大的迷你高爾夫球場。你從木材滑水道開始玩，開心地大笑。然後，你到太空山乘著室內雲霄飛車快速衝刺，從來沒有這麼快樂。這次太空之旅你花了五美元，但是換來的歡樂至少價值一百美元。接下來你想跳進旋轉咖啡杯，但是擔心它不比太空山好玩。你比較喜歡衝刺和翻滾，不是旋轉式的遊樂設施。你要怎麼在繼續玩咖啡杯或收拾包包準備回家這兩者間做選擇？

首先，想想看西恩。不要回頭看。你玩太空山時的快樂已經是過去式了，與現在無關。邊際學派主張，過去已經在你身後。所以問題是你要不要往前走，而起點就在你目前所在的地方。

其次，想想看楊曼：拜託！要不要跳進咖啡杯，你是在跟什麼比較？你應該忘記木材滑水道與太空船的快樂，問問自己，咖啡杯帶來的歡樂是否超出它的票價。如果花兩美元坐一次咖啡杯可以換來三美元的享受，那就去玩吧！即使木材滑水道帶來的快樂是票價的十倍，那又如何？你現在的問題是要不要繼續玩，只要物超所值，你就應該繼續前進，即使獲得的快樂沒有以前多（假設規定同一種遊戲不能玩兩次）。

第三，回憶一下《獨家新聞》中的編輯。你要繼續前進到哪一個地方？只要下個遊戲的娛樂效果能物超所值，你就應該繼續玩下去，直到「邊際效益」（marginal benefit）等於「邊際成本」（marginal cost）。如果一個三美元的遊戲給你的娛樂效果剛好價值三美元，你就該休息了。

我們不應該過度專注於前進的動作。這似乎是某些企業永遠學不會的事，它們不知道什麼時候應該停止擴張。近幾年來，美國人民對健康食品的熱中，激勵了康艾格拉食品公司發展「健康選擇」的系列食品。雖然康艾格拉一開始只賣低脂的高品質冷凍晚餐，但它很快就擴大產品種類，從冰淇淋到液態蛋都賣。這些美味健康的選擇，似乎比康艾格拉測試市場的能力增加得還快。最後，康艾格拉的獲利因為投資事業的範圍太大而被稀釋，但該公司很明智地決定減少產品數目，直到重新釐清策略。

因此，邊際學派關注的是「增量」的過程。企業怎麼決定生產多少車子？它們會繼續運作裝配線，直到製造一輛車的收入恰好等於成本為止。第一千九百九十九輛車的邊際利潤可能高於第兩千輛車，但只要它還是有邊際利潤，仍然值得生產。這種邊際收入與邊際成本的原則，適用於經濟學與非經濟學的範疇。有些學生會熬夜準備考試，但如果多撐一個小時換來的疲倦高於臨時抱佛腳的好處，那最好還是鑽進被窩，而不要鑽進書本。

雖然邊際學派同意《獨家新聞》、西恩及楊曼的觀點，但卻反對以下的老生常談：「我們已經做到這個程度了……」與「每件值得做的事……」等等。經濟學家並不是要讚揚平庸（雖然眞的有許多經濟學家很平庸），但他們的確認為，人們應該知道適可而止。

假設阿拉斯加的笨蛋市開始興建一座美金一億元的巨蛋體育館，因為這個由門撒（Mensa，高智商組織）淘汰者所組成的市議會相信，洛杉磯道奇隊會被吸引而搬來這個全美人口最少的州。一年之後，外觀酷似愛斯基摩冰屋的體育館，已經花掉市民兩千萬美元，而經濟學家會哀求他們停止。那他們已經花掉的兩千萬美元要怎麼辦呢？算了吧！雖然這是無法回收的「沈沒成本」（sunk cost），但它不是繼續砌上另一塊冰磚的理由。為什麼要為市政府的財政挖更深的洞呢？最好是趕快把那棟冰屋拆掉，想辦法將磚塊拿去退錢。

邊際學派也能用在政府的稅收政策。它警告決策單位不要受制於平均數，而應該注意

「增額」（或增量）。舉例來說，如果政府考慮降低稅率來刺激投資，它考慮的應該不是平均投資率，而是這些因為減稅而落入商人荷包的額外資金，被用來投資的可能性有多高。

邊際學派如何看待供給與需求？

曾有人開玩笑，只要教會鸚鵡說「供給與需求」，鸚鵡也可以成為經濟學家。真是如此嗎？讓我們再回到前面提到的遊樂園。假設傑克喜歡吃棉花糖，他的需求是根據每根棉花糖給他的額外快樂而定。馬歇爾稱之為「邊際效用」（marginal utility）。馬歇爾認為，傑克吃每一根棉花糖的邊際效用都會降低。換言之，第一根棉花糖可能給他價值一美元的快樂，第二根剩下八十美分，第三根只有三十美分，然後依此類推。最後，他只要想再吃一根又甜又黏的棉花糖，就會覺得噁心。

傑克要怎麼決定應該吃多少呢？他應該把價格與邊際效用拿來比較。如果價格是一美元，他只會買一根（因為第二根只給他八十美分的效用）。如果一根只要三十美分，傑克就可以買三根。經濟學家依據這種「效用遞減」（diminishing utility）而畫出一條下降的需求曲線。傑克會在每種可能的價格下，比較邊際效用（快樂）與邊際成本（價格）。

馬歇爾的需求法則主張，要賣出愈多數量，價格就必須愈低。儘管你可以認定馬歇爾過度注重價格，可以用愛爾蘭作家王爾德對犬儒的譏諷——只知價格、不知價值——來批評他，但他也曾承認，還有其他幾項因素會影響需求。其中最重要的是消費者的品味、習慣及喜好。馬歇爾知道，素食者絕不可能吃鹿肉，即使不用花錢。身為職業棒球員的傑克，如果看到報導指出吃棉花糖可以增進視力，幫助他打到邪惡的曲球，他就會開始流口水，口味也跟著改變。即使價格不變，他還是會買更多來吃。馬歇爾也曾討論消費者所得及同類商品價格對需求的影響。

經濟學家利用類似的架構來解釋供給面。當生產者製造更多商品，成本通常會增加。除非想製造更多棉花糖就需要買一台更大的新機器。所以，供給法則與需求法則是相反的。除非企業可以從消費者收取更高價格，否則不會增加投資和供應數量；企業會將生產另一個單位的邊際成本與價格做比較。而成本遞增會畫出一條上升的供給曲線。

當公司選擇要不要花一塊錢在勞工，還是在機器和機器人時，也必須玩這個邊際的遊戲。製造商應該要問：「我們如何最佳地使用這筆額外的錢？」如果那一塊錢花在勞工再訓練能產生更高效益，經理人就應該把錢用在勞工上。在均衡狀態下，投資機器（資本）的邊際報酬應該等於雇用勞工的邊際報酬。

這種微妙的均衡可能會被打破。假設聯邦政府通過一個醫療法案，強制雇主每年在每個勞工身上多支出兩千美元。突然間，資本看起來比較便宜，企業經理人可能會因此以機器人取代勞工。相反地，如果電費稅率調高使機器人的使用成本增加，經理人會轉而雇用勞工。經理人常常努力在各種選擇中取得平衡。而這種平衡未必是在前述的機器與勞工之間，也可能是在全新機器與二手機器之間，在熟練的勞工與技術不足的新手之間，甚至在土地的選擇上。如果政府對土地課徵高稅率，我們可以預見會有許多占地較小的高層建築陸續出現。

另一方面，馬歇爾一類的經濟學家並不認爲，所有生產者會永遠採取最有邊際效益或最理性的行動。而如果生產者果眞做不到這一點，競爭者就會比她更成功，最後甚至讓她無法生存。經濟革命比較有利於瘦而精的人，不利於肥又懶的人。所以美國每年約有六萬家業者宣布倒閉。他們應該在展開失敗之旅前，花點時間去研究《獨家新聞》、西恩與楊曼的例子。過度膨脹的自我就好像嚴重的白內障一樣，會使企業主管盲目。

什麼是彈性？彈性爲什麼很重要？

靈活的經濟體運作良好，就像訓練適當的運動員和音樂家會有出色的表現。如果美式足球裡的跑衛不會迴避防守，很容易就跌個滿臉泥巴。手指速度太慢而練不好一分鐘圓舞曲的鋼琴家，也無法練好慢板的音樂作品。

既然經濟體沒有手指，也沒有腳，所謂的經濟彈性指的是什麼？彈性是衡量反應程度，即一個公司或家庭是否對價格變化有很快的反應，還是像不會防守的美式足球員一樣跌在泥漿中。如果某球隊調高票價，球迷是否會買同樣多的票？如果是，那麼需求就是沒有彈性。如果調高票價使球迷減少看球的次數，那麼需求就是有彈性的，或是對變化敏感的。

馬歇爾也在這方面爲經濟學家開創一個新方向。他發展出一個計算彈性的簡易公式：價格變化率除以需求變化率。如果交響樂團將票價調高一〇％，而聽眾買票減少一二％，表示聽眾對手指靈活的音樂家的需求是有彈性的。如果聽眾少買的票不到一〇％，則需求是不具彈性的。

彈性不僅適用於消費需求，也適用於產品供給。假設票價調高沒有使樂迷減少購買的票數，交響樂團因此未受任何衝擊。那麼，樂團會決定多演奏幾場，供應社會更多音樂嗎？調高價位會造成音樂的大量供給嗎？如果票價調降，樂團會減少表演次數嗎？我們可以看到，彈性在幾乎每個經濟決策中都會出現。

什麼因素讓公司、家庭或交響樂團對價格變動做出反應？首先是替代品或其他選擇的數目。其他的選擇愈多，消費者就愈容易改變來避開價格上漲。美國錄音帶公司Memorex以前有個電視廣告，是由爵士女歌手艾拉·費茲潔羅主演。她在廣告中唱了幾句，然後去聽自己的錄音帶。廣告詞是這麼說的：「是眞人在唱？還是Memorex錄音帶？」如果消費者眞的認爲聽艾拉的錄音帶和聽她本人唱歌一樣好（當然可能性很低），那麼她的演唱會或許就沒有什麼調高票價的空間了，因爲消費者只會去買錄音帶。

我們繼續來談有關音樂的例子。我承認，不論是從外表或聲音，我常常沒辦法分辨麥可傑克森和他的兩個妹妹拉脫雅及珍娜。如果別人跟我一樣總是搞不清楚或根本不在乎，麥可的唱片就不可能那麼貴，賣座也不會這麼好。總而言之，替代品愈多，消費者擁有的市場力量愈大。當然，我們前面提到廚師特洛伊採購的魚市，也有很大的需求彈性。如果飛魚的價格大漲，特洛伊可以選擇狹鱈、鮪魚或鯊魚，只要他夠用心。

其次，如果我們有比較多的時間，我們的需求就比較有彈性。如果美國總統突然造訪特洛伊的餐廳，點了一份像麥香魚的魚餅，特洛伊就得迅速找到那種味道溫和的魚餅肉。他沒有時間在碼頭或批發魚市搜尋，必須向離他最近的魚販購買，不能討價還價。但是如果總統在幾個星期前就訂位，特洛伊就可以花點時間四處逛逛，找到便宜又大碗的貨色。

石油輸出國家組織（ＯＰＥＣ）在一九七〇年代曾削減石油產量，停止對美出口石油，這個行動為全世界上了一堂寶貴的彈性課程。在以阿的贖罪日戰爭（Yom Kippur War）期間，阿拉伯酋長將全球油價由每桶（約四十二加侖）八美元一路推升到一九七四年每桶二十七美元。美國起初還是繼續消費相同數量的石油，但幾個月過後，價格敏感度成了發明之母：駕駛人換開小型車，家庭改用天然氣當燃料，而航空業者為了表達對油價的關切，甚至不再供應雜誌給乘客，以減輕飛機載重量來減少耗油。

ＯＰＥＣ在一九七九年主導的第二次石油危機，加強了人們節約能源的決心。到一九八七年時，美國家庭要加熱每平方呎面積所需要的能源已經減少三分之一。工業界也同時減少能源使用，比方說，鋼鐵業在危機發生後，每生產一公噸產品使用的能源約減少二〇％。這兩次能源危機也顯示出供給的彈性。每次危機發生後，都會有新的油源湧入市場：北起北海，南至墨西哥灣的坎佩奇。

最後，彈性也要看該產品或勞務是否占用絕大部分的公司或家庭收入。美國有許多家庭在廚房櫃子裡都藏著一小瓶肉荳蔻粉。一年之中，一般人通常只會在聖誕節想到要把它灑在蛋酒上。肉荳蔻的價格只占收入的一小部分，即使對窮人家也是如此。如果貪心的肉荳蔻業者調高價格，大多數人大概不會注意，也不會在乎。人們還是會按照習慣去買需要的分量。所以，肉荳蔻的需求是沒有彈性的。

生產者在考慮調整商品價格時，必須先想清楚彈性的問題。同樣地，政府在改變稅率或政府勞務費用以前，也必須先考慮彈性。美國政府在一九九〇年對大型船隻、高價汽車、皮毛和珠寶等商品開徵奢侈稅。隨後兩年中，美國國會發現富有的人不一定會買遊艇；他們的需求是有彈性的。這項奢侈稅及「白領階級的衰退」，造成遊艇的銷售大降，許多中、低收入的遊艇製造工人也因而失去工作。最後，這項奢侈稅帶來的稅收遠不如原來預估。遊艇客戶的反應也證實，他們對上升的價格及下降的收入是非常敏感的。

我最喜愛的彈性討論發生於幾年前，當時美國聯邦航空協會（ＦＡＡ）考慮採取一項新的安全規則，強制帶嬰兒坐飛機的父母爲嬰兒買票（航空公司以往同意客人把嬰兒抱在腿上，父母可因而省下不少錢）。ＦＡＡ發現父母對飛機座位的需求具有高度的彈性，如果強迫他們爲嬰兒買票，可能會使他們選擇不坐飛機，且大部分家庭會以搭車來取代。ＦＡＡ又發現汽車肇事率高於飛機，如果迫使家庭放棄坐飛機而改搭車，嬰兒的受傷率反而會增加。

因此，FAA得到的結論是，原本立意甚佳的「安全規則」，其實會使小小旅客更不安全。當然搭飛機不一定永遠比乘車安全。勞斯萊斯汽車創始人查爾斯・勞斯（Charles Rolls）在一九一〇年搭雙翼飛機失事，成爲英國航空史上第一個罹難者，就是很諷刺的例子。

競爭市場是否已被大企業摧毀？

回顧一九六〇及一九七〇年代，許多教科書在介紹亞當・史密斯的競爭模型後，都會引用尼采的話來嘲弄：「看不見的手已死！」書上描述，過去買賣雙方擠在市集裡的景象，已經被身著灰色西裝、坐在現代摩天大樓裡、處心積慮要剝削消費者的掠奪者所取代。亞當・史密斯與馬歇爾學派的批評者，會把各種統計數據丟到讀者手上，顯示只有少數幾個企業就控制了全世界。不過在過去二十幾年中，經濟學家重新檢視各種狀況，發現多數行業仍存在相當活絡的競爭，而持續最久的獨占（或稱壟斷）事業，如郵局、電力公司，都產生於政府的政策，不是因爲商人吞噬其他競爭對手所造成。

在研究優雅的理論之前，我們可以看幾家在一九七〇年代主宰美國經濟的企業，然後想想這些企業的現狀。IBM當時的氣勢有如霸王龍，但今天看起來比較像草食動物。它的市場占有率陸續被英代爾、蘋果電腦及其他高科技業者吞食，獲利因此節節下降。通用汽車（GM）過去二十五年來都處於虧損，原有霸權也拱手讓給美國國內及國外的競爭者。在同段時期，USX－US鋼鐵公司為了對抗美國境內及世界各地的小型鐵工廠，也不得不縮減規模。

這不表示獨占或寡占已不存在，而是我們不應該低估經濟學家熊彼得（Joseph Schumpeter）所稱的「創造性破壞」，它會把看起來穩定、自在的企業搞垮。皇家打字機公司以爲自己能夠掌控市場，直到文字處理機及個人電腦動搖它的王國。冰庫製造商與運送冰塊的人以爲他們的生意可以永遠持續，直到電冰箱開始普及。今天美國的各家電話公司，也都絞盡腦汁來對付大哥大及無線通訊業者的猛烈攻擊。的確，企業往往不是藉由併吞或打倒其他競爭者而壟斷市場，而是因爲創意領先同業。磁波共振儀器檢測出腫瘤的成功率優於老式的X光，所以癌症病患應該會同意，讓GE這種業者擁有磁波共振儀器的暫時壟斷權，總比科技水準一直停留在一九五〇年代要好得多。

即使只有少數幾家業者主導市場，我們還是必須問：政府是否可以做得更好？當然，自由市場不是完全沒有問題。有時候，生產廠商會彼此勾結，使消費者遭到剝削。曾獲諾貝爾經濟學獎的「賽局理論專家」奈許（John Nash）指出，業者有時也會「暫時觀望」；他們就像被關在同一個籠子裡的獅子，會克制自己不要彼此攻擊。然而，政府開出的干預處方往往會收到反效果。所以自卡特時代以來，美國政府已陸續開放航空、天然氣、卡車貨運、電力及電訊等事業。

獨占與寡占爲什麼今非昔比？

獨占是指某一廠商是市場上唯一的商品或勞務的賣方。寡占是說市場上只有少數幾個賣家。雖然這種情況聽起來似乎有點危險，但是諾貝爾經濟學獎得主史提格勒（George Stigler）經過謹愼研究之後，下了一個結論：「如果經濟學家對抗白蟻或去滅火，而不是矢志打擊獨占，他們的貢獻會更大。」史提格勒說的話都很有意思。他揶揄地表示，如果學術界是教授與學生坐在火堆前的原木上在討論偉大思想，那麼對學生失望的教授不如就坐在學生身上，然後對著火堆侃侃而談。

史提格勒承認，獨占在理論上通常不利於社會。爲什麼呢？因爲獨占常限制商品的供應數量來維持高售價和高利潤。美國著名聖誕節電影《風雲人物》中，李翁納・巴利摩飾演的貪婪銀行家掌控了整個貝佛德鎭的放款，正是一個極佳的寫照。

既然史提格勒承認有這樣的問題，爲什麼他又會建議政府通常應該放手不管呢？首先，史提格勒相信，大部分的獨占事業無法長久主宰市場，除非政府給予特殊的保護。我們可以從美國銀行規定的歷史中得知，銀行可能有聯邦政府及州政府的特許執照，讓競爭者不得在對街開業。聯邦政府在一九二七年限制銀行不得跨州設立分行的「麥克法登法案」（McFadden Act），就直到一九九四年才廢止。你家附近的第一家錄影帶出租店也曾經是獨占事業，但是它沒有政府保護，所以每家超級市場及便利商店會很快地跟進。

其次，暫時性獨占可以是一種對創新的適當獎勵。全錄曾壟斷黑白影印機的市場，隨後就被日立、富士通及柯達等業者攻占。第三，政府的反壟斷法（antitrust law，即反托拉斯法）的動作太慢，即使最後真正打破獨占或寡占，已沒有多大分別。美國司法部的反壟斷小組花了好幾年時間去告IBM，最後在一九八二年無功而返，但在這段期間，IBM的市占率其實已經滑落。

市場觀察家真正的問題，在於其他業者是否能夠進入這個市場來挑戰獨占或寡占。因此我們必須要問：是什麼因素使新的競爭者無法進入市場？只要市場上有新競爭的威脅，往往會促使業者壓低價格。經濟學家依據這種情況發展出「可競爭市場理論」（theory of contestable markets）。如果我們鄰近的便利商店是唯一有錄影帶出租的地方，而老闆決定將價格調高到不合理的程度，那麼當地的加油站或超市一定會趁機搶進錄影帶市場。當然，「搶進市場」並不是那麼容易。除了專利及政府執照的問題之外，要創設一家新公司或與一家大規模的業者競爭，可能需要一筆龐大的資金。

儘管障礙很多，我們還是可以看到新公司成功挑戰老牌業者，如史耐波（Snapple）飲料公司單挑雀巢。懶惰的美國獨占或寡占事業，也常會遭到國外企業的攻擊。柯達的經理人多年來都忘了看後視鏡，所以沒有注意到日本富士賣給專業攝影師的產品已經愈來愈多。而相片業的未來是一片混亂：柯達等公司已經開始思考，二十一世紀的消費者會比較喜歡看紙張、影碟或電腦螢幕上的影像。沒有一家業者會想獨占已被淘汰的產品。或許某些地方還有業者在獨自生產T型車的鋼胎，但是固特異、石橋或米其林等輪胎業者不可能爲此擔心。

以前教科書都教我們，高知名度的消費性產品幾乎令人無法抗拒，而且可以維持高價位。但這樣的說法有問題。如果到超級市場逛逛，你就會看到很多例子。從早餐麥片到肥皂，有很多商品是連鎖超市的自家品牌，且價格遠低於知名廠牌。美國的傑米瑪阿姨鬆餅和綠巨人玉米，就被「一路省」或「羅夫斯」等超市的同類產品緊追不捨。一九九三年間，這種激烈的競爭甚至震撼了華爾街，因爲投資人擔心可口可樂等老牌公司無法長期領先低價競爭對手，大量拋出持股。

什麼是自然獨占？

在某些情況下，獨占事業在規模擴大後，可能會愈來愈有效率，於是愈來愈難以競爭。在一家廠商展現這種「規模經濟」（economies of scale）時，我們就稱之爲「自然獨占」（natural monopoly）。如果某個小鎮的污水處理公司一分爲二，平均成本將會上升，因爲兩套管路及兩個處理廠的成本可能更高。多數經濟學家會傾向保留原來的獨占，並管制污水處理費用，以確保別無選擇的消費者不會受到剝削。

不過，在過去十幾年中，有很多曾被視爲自然獨占的事業已經開始瓦解。舊的教科書說電話事業是一種自然獨占，但是各種大哥大與無線科技間的競爭，已經侵蝕了電話公司的利潤。美國國會在一九九二年通過一項法案，開放電力公司間的競爭，又粉碎了另一個傳統教科書上的範例。同一段期間，大型企業也開始自行發電，完全避開早年主導市場的地區性電力公司。隨著科技進步，愈來愈多自然獨占事業將會失去主宰的地位。

什麼是反壟斷法？

「如果開拓不了市場，就拿律師去砸！」這是反壟斷狂熱者的座右銘。諷刺的是，法律界本身如加州或紐約等地，爲了限制業內競爭就採取嚴格的律師考試。引用一八九〇年的「謝爾曼法案」（Sherman Act），反壟斷法是要去除卡特爾、陰謀及勾結等「交易限制」。大多數人都讀過老羅斯福對十九世紀強盜大亨的猛烈抨擊；被點名的對象包括洛克斐勒與摩根。自此以後，美國司法部與聯邦貿易委員會（ＦＴＣ）就不放過每個人，包括價位看起來太便宜的早餐穀片生產商，以及擁有電影院的製片廠。

以前法官看到合併就會立刻阻止，看到合作協議就會立刻撕掉。但在過去二十幾年來，經濟學家的呼籲使他們改採比較寬鬆的處理方式。「大即是惡」的觀念已經被排除，因爲實證顯示，競爭性的市場不一定要有上百名武士。反壟斷的官員以往都循慣例否決合併，以避免讓單一市場四個最大業者的市占率超過四〇％。時至今日，只要業者可以向司法部與聯邦貿易委員會保證，他們不會試圖固定或協商價格，即使市占率高達七〇％，還是可能通過審查。雖然美國航空業只有六大業者，但是慘烈的競爭使獲利無法飛得像他們的飛機一樣高——事實上，美國航空業者在一九九〇年代初期的虧損創下新高。

聯邦政府在決定阻止一個合併案之前，必須先清楚定義企業所在的市場。舉例來說，假設萊西有限公司與史奴比企業是兩家狗食罐頭的領導廠商，決定結合「即可食」產品的力量。這時司法部必須考量的是，狗餅乾或蠟狀狗用漢堡跟狗食罐頭是否有直接的競爭關係。如果有的話，我們就不用擔心萊西與史奴比的合併案了。

這讓我們回到彈性的問題：市面上是否有狗食罐頭的替代品？爲了回答這個問題，經濟學家設計出「交叉需求彈性」（cross elasticity of demand），計算如果萊西與史奴比調高售價，消費者會不會多買其他可能的替代品。就這個例子而言，交叉需求彈性的數學式可寫爲，消費者對狗餅乾的需求除以罐裝狗食的價格變化率。如果數字是正値，就表示消費者會改用其他種類的狗食，而司法部可以放心讓萊西與史奴比合併。

最後應該注意的是，雖然美國政府的反壟斷態度比以前寬鬆，但美國的產業長久以來沒有變得更集中，也就是說，市場沒有由少數廠商所掌握。雷根總統任內最後兩年中通過的合併案件數，超過一九七〇年代的總和。但是，在雷根任期即將結束時，《財星》雜誌公布的五百大企業資產占美國所有企業資產的比例，仍與一九七〇年大致相同（約四五％）。事實上，雖然美國政府的動作不斷，但美國產業在二十世紀的集中狀態並沒有多大改變，唯一改變的是司法部反壟斷小組的預算。

我們已經討論了個體經濟學的主要基本原則。這些原則就是經濟學家的主要工具。下一章中，我們會運用這些工具來解決政策難題。

4 邱吉爾的雪茄

- 人們爲什麼會被廣告淹沒？
- 人們如何投資教育與人力資本？
- 經濟學家關心環保嗎？
- 健康醫療制度生病了嗎？
- 健康醫療是否比以前貴？
- 什麼荒謬的誘因推升了醫療支出？
- 政府怎麼會如此放縱醫療成本？
- 政府應該要求雇主提供健康保險嗎？
- 人們可以減少生命中的風險嗎？

諾貝爾經濟學獎得主傅利曼曾感嘆，無知者以爲有錢就能瞭解經濟學。你不能因爲常在室內購物廣場買東西，就以爲自己是零售業專家。你也不能因爲回收塑膠瓶或利用廚餘做堆肥，就以爲自己充分瞭解環境經濟學；其實經濟學家也是最近才開始瞭解。儘管如此，過去二十幾年來，經濟學家的研究觸角不僅深入森林，還進入醫院病房去瞭解醫療，跨進監獄以瞭解犯罪，還走進運動員休息室想搞清楚，爲什麼那些滿身肌肉的美式足球明星的收入，會是手無縛雞之力的經濟學家的十倍。本章將檢視重要的經濟原則，並解釋這些原則如何幫助我們理解一些普通、但令人困惑的問題，例如廣告、教育、環保與醫療。

人們爲什麼會被廣告淹沒？

我最喜歡的一首廣告歌，是勸誘波士頓地區的學生去哈佛福利社購物：「你不一定要上哈佛才能在哈佛買東西。」這首動人的曲調似乎是暗示：「對啊！我們也會提供服務給笨蛋喔！你們這些上不了哈佛的小孩，我們會在櫃台替你算術兼找錢。」從表面上看，這則廣告是在答應非哈佛人，只要他們推著購物車在商品架間走一走，這所知名學府的光輝就會灑遍全身。它就像汽車廣告一樣，廣告中的帥哥美女艷羨地看著像是配備四汽缸的小汽車，似乎暗示你買了車就會變帥或變美。其他廣告則是平鋪直述技術資訊，沒有任何花俏。還有一些廣告是將各種品牌拿來做比較，例如某種蕃茄醬比其他牌子濃，或某種尿布比較會吸水。

自從小羅斯福總統推出「快樂的日子又來了！」的競選廣告歌，美國的廣告支出就一直穩定維持在GDP的二％。許多現代廣告的伎倆早在二十世紀初就已出現。麥可喬丹不是第一位將名字刻在球鞋上的運動明星，棒球名人華格納在一九〇五年就擔任了路易斯維爾強棒的球棒代言人。即使是虛擬的廣告人物，像是傑米瑪阿姨、麥片廚師（濃湯）或綠巨人等，也已有數十年的歷史。

當然，只有一個好的廣告代言人並不夠，業者必須找到傳達訊息的正確方法。棒球場外野看台的圍籬上，過去都是男裝、刮鬍膏或類似產品的廣告。美國現在每週日早上播出的公共事務節目的廣告，大多是想要遊說華府立法人員的企業團體所製作，因爲他們知道國會議員與關心政治的選民都會看這些節目。不過，紐約地鐵的廣告卻衝過了頭，都是防治蟑螂及治療痔瘡等恐怖疾病的藥物廣告，難怪許多乘客寧願站著搭地鐵。

廣告過去常令經濟學家不安。畢竟，源於亞當・史密斯「完全競爭」概念的標準經濟模型，是假設產業內的所有商品有同質性。如果我們假設所有啤酒都一樣，那麼所有的啤酒就應該有相同的價格，而任何生產者的力量不會比其他同業大。除了少數的商品或原物料（例如天然氣）以外，這種理想化的模型顯然不符現實。

在一九三〇年代早期，劍橋的羅賓遜夫人（Joan Robinson）與哈佛的錢伯林（Edward Chamberlin）兩位經濟學者認爲，廠商打廣告是希望自己能在同行的競爭裡脫穎而出，獲得一些獨占的力量。如果百威啤酒可以讓消費者相信它是「啤酒之王」，那麼這位國王也許就可以調高價格，卻不會把客戶讓給米勒啤酒。這種「獨占性競爭」的觀念令經濟學家非常緊張。他們擔心廣告不僅浪費資源，也讓業者能漫天要價，脫離合理價位。

一九九三到一九九四年間，許多美國廠商想將消費性產品的顏色改成「透明」來凸顯自己，所以有透明的可樂、透明的芳香劑和透明的漱口水。然而這項創意徹底失敗，「透明」很快就成爲「去年的顏色」。NBC的「週末現場」節目還嘲弄過這個點子：「水晶肉汁——你可以看到肉喔！」

雖然業者眞的想區隔自己的產品，但研究顯示，其實廣告通常會造成更多競爭而迫使業者降價。有一個典型的例子是，在美國允許驗光師廣告的州裡，眼鏡的價格比其他州便宜很多。快速汽車潤滑油的業者如果不能爲自己的價格比汽車經銷商便宜而打廣告，根本不可能成爲新興行業。事實上，「競爭者」彼此協議不做廣告的行業，消費者才應該更加小心。當然，以高價販賣標準格式遺囑來賺取暴利的律師還是可以高枕無憂，因爲有遊說團體阻止了法律服務廣告。

品牌名稱很有用，不只對生產者如此，對消費者亦然。因爲受尊重的品牌是極具價値的資產，所以生產者有很高的意願去維護聲譽。如果可口可樂坐視有毒物質滲入某個生產工廠，它可能會損失數十億美元。但如果所有可樂都沒有品牌，那麼消費者將不會知道哪家廠商有問題，生產廠商也就缺乏誘因來維持品牌形象。衛斯理學院教授高曼（Marshall Goldman）在對蘇聯進行研究時發現，因爲蘇聯禁止一切中產階級的象徵（如品牌），而發生上述的問題。

品牌可以讓消費者感到稍微自在，因爲可以節省「資訊成本」。假設你在兩百年前到波士頓旅行，你可能必須在名爲「野豬味」或「豬鼻子」的旅店間做選擇。你需要與當地人談談，或是實地察看各家旅店，才能有一點概念。到了現代，只要招牌上寫的是「麗池卡爾登」或「假期飯店」，你大概就知道有一定的住宿品質（至少會有免費的洗髮精和浴帽）。因此，旅客可以省下搜尋正確資訊的成本。同樣地，擁有這些品牌的業者也非常希望顧客不會有不愉快的「驚訝」。有一家連鎖飯店甚至喊出以下的口號：「最好的驚喜就是沒有驚訝！」

幾年以前，好萊塢製片人準備拍一部沈悶電影《戀馬狂》，講一名男孩與一匹馬的故事。有人去請教喜劇作家尼爾・賽門，如何才能吸引觀眾來看這部電影。他建議：「用有名的馬！」也就是說，觀眾會以爲，只要有西部片演員羅傑斯的坐騎「扳機」，就可以保證影片有水準，就好比靈犬萊西不會出現在一部只有老狗的電影裡。

以上這些對廣告及產品區隔的評論，不應該被毫無選擇地拿來爲那些吵雜、煩人或有誤導作用的廣告辯護。有些廣告的確很過分，只看到一些江湖郎中在電視上吹噓快速發財的竅門，而這個花招只對他們自己有用。雖然如此，多數的現代企業還是仰賴老客戶，很少有業者只做一次生意就能大撈一票。所以許多廣告的目標只是在吸引觀眾或讀者來試開汽車或試吃義大利麵醬，希望他們進一步花錢消費。如果有人只坐在客廳裡用電話訂車或買義大利麵醬，他活該買到一部爛車或吃壞肚子。

廣告說明了企業如何運用個體經濟學的觀念，但是一般人也會在日常生活中用到個體經濟學，不論有意或無意。我們常提到企業會投資或建立商譽，而下一節將告訴我們個人如何投資。

人們如何投資教育與人力資本？

資本與投資這幾個字，總是會讓人聯想到股票交易員對著電話大喊：「買進！不，賣出！」，以及穿著細條紋西裝的典型生意人，爲新廠開工儀式擺姿勢拍照。投資股票或工廠會以發放股利或提高生產力的方式得到回報，這是每個人都希望的事。其實，投資還有另一種較溫暖的版本——「人力」。每次孩子在學校學了一樣有用的東西時，她都是在累積「人力」資本。不論她是在數學課學微積分，或在主日學認識誠實，這些課程都能爲她帶來報酬，例如獲得較高薪資或更充實的生活。

人力資本的概念似乎比較適合當作家長會的主題，而不是放在經濟學教科書裡。但實證顯示，教育對經濟發展的重要性不亞於經濟學家常討論的機器或土地的投資。除非一個國家認眞經營教育，否則將無法與他國競爭。國家最大的錯誤就是將教育政策交給毫不關心經濟政策的二流官僚。經濟大師通常會認爲自己是堅毅的科學家，並且譏諷教育者軟弱無力，事實上，沒有其他事務比孱弱的教育體系更會阻礙經濟發展。

教育與經濟繁榮之間的關係，在過去三十年變得愈來愈重要。在二次大戰之前，工業國家爲無知的人創造了很多高收入工作。礦業給虎背熊腰的工人特別優渥的工資，並不在乎他們是否擁有聰明的腦袋。即使二次大戰結束，歐洲與日本慘敗並退出競爭之後，美國經濟仍繼續獨厚勞動階層。美國當時的ＧＤＰ確實很「壯觀」，因爲主要產品都是煤、鋼、鐵及穀類。

但一九六〇年代之後，美國的貿易夥伴陸續站起，重建機器設備，進步的科技使美國得以用較少人力來生產更多商品。工作場所比過去安全多了，因爲最危險的地方都已經由機器取代人工，例如礦場。在二十世紀初期，許多男性勞工爲求溫飽，得靠勞力將煤鏟入工廠熔爐，鋪設沈重的鐵軌和枕木，或將一袋袋穀物從船艙搬到岸上。

但從另一個角度來說，經濟對那些未受教育者而言比以前更危險，因爲他們出賣勞力的機會變少了。現代經濟比一百年前要「輕」得多。微軟發展出的值錢軟體，基本上是毫無重量的，但它需要相當活躍的腦細胞才能完成。一九六八年時，只有二八％的高技術員工擁有大學學位，今天這個數字幾乎達到兩倍。看到那些未受教育者把分類廣告翻來翻去，但廣告中的求才公司都只要文學士、理學士或企管碩士，實在令人感到悲哀。小羅斯福顯然受惠於高教育水準的精英背景，他曾經說：「一個沒有上過學的人可能會從貨車裡偷東西，但如果他上過大學，就可以偷走整條鐵路。」

有一種評估高學歷趨勢的方法，是比較高中畢業生與大學畢業生的平均薪資。在一九六〇年代中期，男性大學畢業生的薪資大約比沒有繼續升學的同儕多出四〇%，但現在的差距已經跳到七〇%。對女性而言，這種差距更大。女性大學畢業生的工資是高中畢業女生的兩倍多。雖然大學學費在過去二十幾年來顯然漲了很多，但是報酬也穩定增加。這種因教育而帶來的報酬成長，正解釋了西方國家貧富差距愈來愈大的理由。很多權威人士痛批雷根政府在一九八〇年代摧毀了中產階級，但在這十年間，全球各地的工資其實都因教育普及而上揚。即使致力和諧的瑞典也出現同樣的裂痕：瑞典的未受教育者發現適合他們的工作機會愈來愈少，富豪汽車也已想出如何用更少的勞工來生產更多汽車。

所以，目前的挑戰在於如何提高教育水準。大學並不是唯一的答案。許多學生從大學畢業之後，除了知道怎麼調酒，似乎什麼都不會。這就是在職訓練可以提供寶貴教育的理由。當然，中級學校教育也需要改革，至少需要一點競爭。布魯金斯研究所（Brookings Institution）的摩（Terry Moe）與查伯（John Chubb）認爲，美國學校過於官僚、制式與自滿。這些問題的解決之道，是讓父母與學生自己選擇學校，這樣才能激勵學校自我改善以爭取學生。自由選校是個極富爭議的概念，因爲它基本上挑戰了傳統的單一學區制。密爾瓦基目前正在進行這樣的計畫，而社會科學家也在等待其長期結果。經濟學家同時擔心，如果美國人繼續把子女送到放棄學生的學校，進入二十一世紀以後，美國經濟將無法再維持優等生的地位。

經濟學家關心環保嗎？

當然囉！所以我們必須阻止三個環保笑話。第一個笑話是說，冷酷的經濟學者最喜歡聽非工會成員生產的萵苣入口即脆的聲音，最喜歡看的就是綠色和平組織的船被油輪撞翻的景象。事實上，經濟學者一直致力發展分析工具，來瞭解及解決嚴重的環境議題。

第二個笑話是把污染形容爲某個滿足的資本家所發出的打嗝聲。其實，自從東歐鐵幕升起之後，全世界都透過棕色的煤灰瞇眼看到，原來共產主義可以如此污染並危害人類的耳朵、鼻子與喉嚨。俄羅斯的烏法（Ufa）市曾被宣布不適合一百萬市民居住：汽車駕駛得在多霧的陽光下打開車燈，而他們的眼睛會因爲酸性煙霧而灼傷。

最後一個笑話是描述西方世界的污染愈來愈嚴重，每天都危害更多的人。其實，經過改良的汽車及煙囪，已經使空氣中的鉛、二氧化硫和一氧化碳的含量大幅下降。二十幾年前被宣告死亡的湖泊，現在可以在夏天看到跳躍的魚兒和興致勃勃的釣客。我曾看過一輛車子的保險桿上貼著「密西根——千湖之州——魚一條」。不過，那條魚現在已經繁衍出數倍的魚子魚孫。

經濟學家研究污染的頭號問題，與三年級老師問學生的問題一樣：「你在家裡會把泥巴刮在媽媽的家具上嗎？」除了一些自以爲聰明的孩子會回答：「她沒看到的時候會。」大部分孩子都會不太好意思地承認，他們會比較寶貝個人的東西，而不會在乎學校的公共財產。而這是一個永久性的問題。即使亞里斯多德也曾抱怨，共有財產的狀況看起來總是比私人財產糟糕。就算社區嘗試組織一個清潔小隊，總有些「搭便車者」想逃避責任，以為別人會負責。我們都曾碰過這種人，甚至我們自己可能偶爾也是。

空氣和海洋就跟教室一樣，是所有權界定不明確的共有財產。漁民當然會盡其所能去捕魚，除非已經有人先把魚捕光。我們可以比較一下海裡洄遊的鱒魚群與鱒魚養殖場。私人養殖場的業者明白，如果他過度捕撈，下一次就沒魚可捉了。如果在一天中捕光所有的魚，那就是他一整年的漁獲。

這種「公共財」的問題與「外部性」的問題緊密相關。如果某人的行為影響他人，而他人無法掌控，這種狀況就是「外部性」。假設邱吉爾與帕華洛帝踱進一家餐廳，坐在你附近的桌子。老邱開始抽起雪茄，還把煙吹到你這個方向來。除非你喜歡那種味道，否則菸臭味就會成為負面的外部性。不過外部性也可能是正面的經驗。假設帕華洛帝開始哼「比佛利山歌」，而你恰好很喜歡，那就是一種正面的外部性。如果他改唱黑幫饒舌歌，就可能變成負面的外部性了。如果他靠近你的桌子，偷吃一口你盤子裡的義大利麵，當然也是一種負面的外部性。

外部性之所以會帶來麻煩，是因為一般企業通常不會為不經意加諸別人身上的問題付出代價。雖然老邱的雪茄可能會增加肺氣腫病患，但是這種社會成本不會出現在老邱的損益表上。在這個時刻，政府就應該出面設計一種方法，讓老邱「內化」他加諸鄰居的成本。各國政府已經嘗試許多方法來解決這個問題。長期以來，歐洲都遵循凱因斯的劍橋同事皮古（A. C. Pigou）的建議：課徵「外部稅」，也就是要求污染者支付的稅金等值於他們造成的損害。支持污染稅的人士常以德國魯爾河做爲成功的範例；在這條河上，人們可以在工廠的影子下面安心釣魚。

控制外部性最草率的手段就是頒布法令：「汝不可污染」。這種空泛的命令不但沒有用，反而會壞事。每個人活動都會有一些風險（請參考本章最後一節），也都需要付出一點代價。每年拯救許多生命的胰島素，並沒有完全乾淨的製造方法。將污泥轉變爲安全物質的污水處理廠當然有助環保，但它還是會釋放出某些化學物質。我們是否應該因爲這些工廠不完全乾淨，就下令關閉呢？經濟邏輯告訴我們，只要對社會的幫助大於傷害，就應該採取行動，而這需要權衡污染的程度及危險性。「汝不可」的全面性規定，也忽略了遵守規則的成本各有不同。例如，某家工廠可能用五百美元的過濾器就能做好清理工作，但另一家工廠可能需要花五十萬美元徹底翻修，才能達到同樣的改善效果。誘使第一家工廠購買價值五百美元的過濾器，比冒著第二家工廠被關閉、員工被遣散的風險要合理多了。根據經驗，除非是緊急狀況，否則直接控制污染的效果相當差。

過濾器的例子衍生出一個更好的辦法。在一九九〇年通過的「空氣清淨法」中，美國國會引入「可交易污染排放許可證」來解決污染問題。關鍵在於：凡是能以最低廉的成本達到清淨者，應該得到鼓勵。可交易污染排放的觀念，就好像假設美國各地都是一個個封閉的氣泡。我們的肺不在乎是誰在氣泡裡製造污染，而只在乎總量的限制。同樣地，美國國會中那些滿口空話的人，不應該立法限制誰可以或誰不可以釋放污染源；他們只需確保我們肺部的安全。假設老邱的雪茄「工廠」降低廢氣排放的代價是每公噸五美元，河對面的帕華洛帝義大利「麵廠」則是每噸一百美元。如果我們援用「汝應減少一百噸廢氣」的粗糙規定，老邱只需要花五百美元，但必須耗費一萬美元的帕華洛帝可能就會破產了。

有一個比較好的辦法可以讓他們達成以下的交易：帕華洛帝付錢給老邱，請他額外減少一百噸廢氣。這雖讓帕華洛帝多花五百美元，但可以免去關廠及遣散員工。而且因爲廢氣減少了兩百噸，對整個社會的效果是相同的——但是改善空氣品質的社會成本只有一千美元（老邱用每噸五美元減少了兩百噸廢氣），而不是一萬零五百美元（老邱減少一百噸廢氣的費用，加上帕華洛帝用每噸一百美元減少一百噸廢氣）。這筆交易保護了環境，也保住了工作機會。

可交易污染排放創造了一種新的行業，那就是企業之間的仲介商。商業報紙有時會刊登願意出售排放許可證的公司的廣告。這種觀念也可以運用在前述的公海捕魚問題。一九九二年時，美國聯邦政府也對漁業採用可交易污染排放，限定漁人只能捕捉一定數量的魚。效率高的漁船可以向效率低的漁船購買捕魚許可，於是前者可以發揮最大效率，海水的污染也會減少。更重要的是，這樣可以保持海裡的魚數，使魚源不會枯竭。

這種有彈性的可交易制度，比「汝不可」的方式有效多了。在一九九〇年代初期，阿拉斯加曾採用過一個「汝不可」的計畫：將比目魚的捕魚季節由四個月縮減爲兩天。但是，經過兩天瘋狂的捕捉後，無法立刻消化的比目魚都必須被冰凍保存，像速食店裡的僵硬、無味的魚餅，而不是一片片的新鮮魚肉。這是高貴比目魚的一大侮辱，也是自然資源的一種浪費。

政府送給特殊利益團體的禮物，通常也會傷害自然環境。由於美國國會的計畫有效阻止了加勒比海及拉丁美洲的糖進口，所以美國糖農過度生產，使佛羅里達的沼澤地受到傷害。而聯邦政府的慷慨補助，實際上是鼓勵農民在加州自然乾燥的地方種植稻米，完全無視加州長年乾旱的危機。此外，不當的稅制也會傷害環境。柯林頓政府曾抨擊租稅補貼會鼓勵員工開車上班，而不是改搭大眾運輸工具。然而美國國會始終踏著牛步，無法迅速修正會鼓勵污染的愚昧法令。

本節的環境議題刺激經濟學家尋求公共財與私人財之間的平衡，另一方面，醫療問題也提供經濟學家另一個機會，展現政府政策如何改善或惡化困境。

健康醫療制度生病了嗎？

小學生的愛斯基摩人傳說是這樣的：愛斯基摩老人會被送到蠻荒，只帶上幾天份的生魚，然後永不回來。老人因此保留了尊嚴，部落也可以保留稀有的資源給年輕人。現代的富裕老人能夠自費到溫暖南方的養老院，在裡面玩橋牌、跳方塊舞，或參加春季棒球訓練賽。條件較差的銀髮族則必須住在寒冷的北方，但很多人還是可以享受房屋補助與醫療保險。他們最後都會死，比較幸運的人不用在療養院度過餘生。相較之下，愛斯基摩老人離去的方式比較便宜，但也比較殘酷。

我們可以一直辯論醫療改革，但就算辯到北極的冰都溶化了，還是無法逃離長久不變的難題：維持長壽要花很多的錢。一九○○年時，大多數人的壽命不到四十歲，且那時的理髮師會兼任牙醫，在剪髮之際為客人拔牙，所以不論個人或政府的醫療支出都很低。而我們愈能延長生命，付出的代價就愈高。

八十四歲以上的美國人利用醫療服務的次數，是近七十歲者的二．五倍。而六十至七十歲者的利用次數，則是年輕人與中年人的三．五倍。從一九七○到一九九○年間，超過七十五歲的美國人口增加幾乎一倍，到達一千三百萬。由此可知，那些宣稱可以降低醫藥支出占GDP比例的煽動份子，我們大可不必理會。多年以來，一些專家和國會議員不斷呼籲美國政府，採取英國與加拿大所實施的全國性醫療制度，也就是政府主管整個制度並分配支出。雖然這種制度有它的優點（例如普及性），但它無法改變基本狀況：龐大的醫療費用。事實上，過去三十年來，英國與加拿大等國的醫療支出增加速度與美國大致相同（不過，美國的每人醫療支出一直都高於其他國家）。

這不表示我們就該聳聳肩膀，繼續坐視我們有愈來愈多的國民所得送進醫生的荷包。

就算沒有壽命延長的問題，美國醫療制度仍苦於會擴大支出的荒謬誘因。

健康醫療是否比以前貴？

美國現在醫療服務的人數比過去任何時候都還多，所以醫療費用也高於以往。美國醫療支出占GDP的比例是一三％，遠高於一九六〇年的五％。於是，健康醫療體系可以像麥當勞一樣，驕傲立起一個標幟，上面寫著：服務人數逾兩億人。但我們無法估算每位客戶的服務成本是否增加。麥當勞可以很簡單地比較一九七五年與一九九五年的漢堡價格，但你要怎麼比較這兩個不同年代的開心手術？過去的外科醫生並沒有現在的光纖工具與診療儀器，外科手術病人的住院時間也比過去減少很多。開刀房裡都有雷射與電腦，不是過去的解剖刀和鋸子，而許多極爲精密的療程是在醫生的看診室進行，完全不需住到醫院。一九八九年時的膽囊病人必須在醫院度過痛苦的六天，而現在的腹腔手術只需要一天，就能讓病人自己走路回家。

更精密的手術可以節省時間，但也常須仰賴更昂貴的設備。不過，即使醫療成本提高，大多數人也不會考慮棄「新」藥而選「舊」藥。回到漢堡的例子。中世紀新鮮牛肉漢堡的味道，與現代速食漢堡可能不會有多大不同，只是麵包可能稍微新鮮。然而，當時的醫療是控制在使用水蛭的郎中和巫醫手中，與今日迥然不同。開心手術的費用在過去五百年或最近五十年內是否曾經上漲？誰知道呢？

先不管外科手術，就算是診斷的費用，也有根本性的改變。在過去十年間，擁有磁波共振儀器的醫院家數增加約五○○%，而電腦斷層掃描的進行次數也成長四○○%。過去的診斷費用可能比較便宜，但這是因爲許多病人在醫生找出病因前就死了。要比較過去與現在兩個不同的時代，就好像在暗示，自從靈媒放棄他們的探測杖以後，探勘油田的費用就增加了。

什麼荒謬的誘因推升了醫療支出？

我們不能避免對長壽的渴望，但我們也無法扭轉老化的過程。老人病的研究目的，是希望人不要沒享受到青春就走進棺材。然而，美國的醫療體系有結構缺陷，導致社會支出日益惡化。基本的問題在於，大部分接受醫療的人都是在用別人的錢。雖然這些人不是眞的在偷錢，但如果他們必須自行衡量成本效益，就醫的頻率應該會降低。這個問題在多數醫療體系都可發現，不論是透過私人保險或政府計畫。自一九六○年以來，美國人的醫療支出占個人所得的比例已經由四九%大幅滑落到二○%。

假設有個享受醫療保險（Medicare）的老人名叫麥克斯，他有背痛的毛病。（美國的醫療保險是政府提供的醫療補助計畫，適用六十五歲以上的美國人，不管收入高低。而醫療補助〔Medicaid〕則針對低收入的美國人提供醫療補助。）麥克斯沒有考慮熱敷或其他簡單的治療方式，就直接跑去整形外科。醫生幫他照了X光，開了阿斯匹靈及多做背部運動的處方，然後按照標準收取一百二十五美元。雖然這筆費用有點離譜，但是麥克斯背疼心不疼，因爲醫療保險負擔了其中八○%。在一些養老院裡，足科醫師整天就只在病房間穿梭，爲老人們剪腳趾甲，而帳單也是由醫療保險——也就是納稅人——支付。很顯然地，這個制度是在鼓勵人們過度消費醫療資源。

私人保險計畫也存在同樣的問題。假設有一位亮麗的廣告經理名叫珍，她的腳趾很痛。她也是二話不說就去看醫生，因爲公司的保險計畫會幫她付帳單。經濟學家將這種問題稱爲「道德風險」（moral hazard）。雖然這個名詞中有道德兩個字，但其實無關道德，而只跟經濟誘因有關。一個爲貂皮披肩買保險的女人，上餐廳時就沒有理由再好好看管自己的名貴衣服。

有些人很難相信保險給付會影響人們看醫生或利用醫療服務的次數。針對這一點，美國知名智庫蘭德公司（Rand Corporation）曾進行一項爲期五年的實驗。研究人員提供一組病人毫無限制的免費保險；另一組病人則必須自行支付所有的醫療費用，除了極爲龐大的住院費用以外。毫無意外，第一組的醫療費用比第二組多了四五%，但這兩組人的健康情況並沒有顯著差異。這項實驗證實了基本的經濟學原則：如果你降低價格，人們會買得比較多；如果你調高價格，人們會減少購買。

保險公司只有幾種方法可以對抗這種道德風險。第一個方法是透過高自負額及部分負擔，要求病人自己負擔較多的費用。保險公司也嘗試深入藥品配送來監督醫師，確認他們不會過度開藥，或進行不必要的醫療程序。美國的健康維護組織（ＨＭＯ）的目標，就是更有效率地組織醫師與醫院來控制成本，使ＨＭＯ優於其他制度。這個目標當然會造成隆隆的砲轟，因爲醫師與病人都同樣痛恨很想知道診斷、治療及預斷詳情的好管閒事的官僚。

政府怎麼會如此放縱醫療成本？

醫療費用不必要增加的最主要原因，是美國各州對健康保險公司應給付項目有不同的要求，即使有些項目消費者根本不需要。例如，明尼蘇達州規定，每張保單應註明同意給付禿頭者購買假髮的費用。我承認明尼蘇達州的氣候寒冷，我也同意頭頂是最容易散熱的地方，但是這種干預似乎太可笑了。而加州人的保單中必須包括婚姻諮商——這個地殼不穩的地方竟然沒有要求屋主投保地震險！相對於加州政府，佛蒙特州要求保單應包括牧師諮商費用。麻州則要求保戶在精子銀行準備幾個小玻璃瓶，以備「不時之需」。

比前述規定影響更大的是聯邦稅制，它讓企業員工不會因爲雇主提供保險等額外補助而被課稅，等於鼓勵過度消耗醫療資源。如果Ａ公司爲蘿莉加薪一千美元，她必須支付這筆錢的所得稅。但如果Ａ公司給蘿莉價值一千美元的保險，她並不需要付稅。「天下沒有白吃的午餐」瞬間變成了「我們可以不勞而獲」。現存的稅制讓員工及其雇主非常願意接受昂貴的醫療，而不是現金。難怪一九八〇年代員工薪資最主要的成長，來自於愈來愈大方的醫療補助；雇主花同樣的錢，員工可以得到更多。

有效率的稅制對現金薪資與額外補助會一視同仁。如果稅制不鼓勵過度保險，人們就會願意貨比三家，選擇物美價廉的保單。研究顯示，健康保險的補助使美國國稅局每年短少七百四十億美元的稅收，而這筆錢原本可用來調降整體稅率，或給付未投保者的醫療保費。

政府應該要求雇主提供健康保險嗎？

將近六〇%的美國人由雇主爲其投保，所以政客常會建議，應該直接強迫雇主提供保險。但是多數經濟學者並不同意。第一，這項規定就像對每個員工課單一稅率。這種稅（金額等於保險費）無視員工薪資多寡，會對低收入員工造成最大傷害。因爲公司絕對會把這項新成本轉嫁出去，而且通常是轉嫁到員工，不是消費者，表示工作機會將會減少或薪資下降。儘管有這些缺點，政客還是覺得這則藥方非常迷人，因爲所有費用都隱藏在大眾看不見的地方。「讓老闆付錢」的口號，讓人想起一九三〇年代嚴重勞工動亂所造成的社會問題。但是，大部分經濟學家都覺得這種方案與現實脫節，就好像是聽蘇俄的革命家托洛斯基在紐約的演講一樣。當年他演說的開場白就是：「布朗克斯區的勞工們……。」

有一種比較好的方法是要求個人自行投保。大多數人還是會透過雇主去取得健康保險，但是這種制度可以讓消費者願意關心費用的問題。削減雇主提供保險所需的稅收補助（七百四十億美元），聯邦政府就能夠協助低收入的美國人投保。如果人們必須爲自己的保險支付較高的費用比例，就可能會選擇自負額較高、月費較低的保單。較高的自負額會讓個人不會隨便利用醫療服務，但仍感覺安全，因爲重大醫療支出不會耗盡他們的資產。

另一種創新的解決方法，是鼓勵人們把省下來的月保險費存到「醫療儲蓄帳戶」。這個帳戶就像是個人退休帳戶，可以孳生免稅的利息，也可以充作退休金。較高的自負額配合醫療儲蓄帳戶，可以避免不必要的醫療行爲，並讓個人可以用大筆儲蓄來應付永無止境的退休生活。

除了做這些改善以外，美國聯邦政府還可以禁止保險業者拒保「既有疾病」的個人，例如心跳雜音。保險業者應該將這種風險分散到所有客戶。如此一來，個人換工作時就不用擔心是否會失去健康保險。

健康醫療包括了某些最艱難的經濟議題，同時也揭露民眾某些最頭痛的選擇。如果不承認誘因的問題，這個主題的討論不可能得到結果。美國現行的醫療體系很草率，因爲很少人願意去關心費用。至於有多草率？就好像把一輛三百匹馬力跑車的鑰匙丟給一個喜歡飆車的十七歲少年。你想，他會乖乖開在慢車道上嗎？

人們可以減少生命中的風險嗎？

可以，但是不能強求。生命本身就有風險，即使你躲在一條毯子下面——避開電毯！因爲某些初步研究顯示，電毯可能會增加致癌的可能性——你還是可能因爲各種原因而遭遇不幸。比方說，吸入毯子上有毒的微細纖維，或是地震時被掉落的天花板風扇砸到。多數人會做的最危險的事，莫過於搭車，尤其是坐計程車，因爲有些司機的祖國還沒有實施紅綠燈。搭車乘客的死亡率甚至高於警察的死亡率。儘管如此，大多數人還是每天毫不畏懼地跨進車子裡。

可是不知道爲什麼，人們總是期待政府可以消除極端微小的風險，而這些風險並不大於人們每天快樂忍耐的風險。在試圖除去這些風險時，我們其實又創造新的風險。例如，美國政府禁止使用二溴乙烷，因爲它有致癌的可能。這種化學物質以前是用來殺死會在花生上產生黃麴毒素的黴菌。但花生醬三明治的致癌率沒有減少，反而是使用二溴乙烷的致癌率的七十五倍。最殘忍的例子是強迫餵實驗室裡的白鼠代糖，最終讓白鼠長出腫瘤。一個人要喝掉林肯紀念館的映景湖那麼多水量的低糖可樂，才會攝取到同樣會導致腫瘤的劑量，而且即使如此，那還是比在賓州大道上踏進一輛計程車安全多了。

這種對化學物質的畏懼可能會有危險的後果。祕魯政府在看了美國一份致癌因素報告後，決定降低飲水中的氯含量，結果導致五十萬人得了霍亂，其中四萬人因而死亡。所以，最關鍵的問題必須是：避開危險的成本與效益是什麼？畏懼化學物質可能也會延誤神奇的新藥進入市場。根據麻州塔虎茲大學（Tufts University）的一項研究報告，每種成功的新藥由最初的研究階段逐步獲得政府許可，平均需要十二年時間。在歐洲利用乙類神經阻斷劑協助心臟病患已達十年之後，慢吞吞的美國食品藥物管理局（FDA）還沒有核准該藥品上市。在FDA不斷測試藥物的這段期間，死了多少病患沒有人知道。有鑑於此，愛滋病運動者利用許多風險評估的研究對FDA施壓，希望加快藥品的核可過程。

若要市場運作良好，消費者需要有管道獲得適當與正確的資訊。擁有良好資訊的消費者可以提醒業者加強安全設計。汽車業者在過去五年間接獲的訊息就是，他們必須供應安全氣囊和防鎖死煞車來滿足消費者。雖然這些安全配備過去只有高級車才有，但業者想出便宜的方式來添加在經濟車種上。政府當然可以強制規定低價汽車加裝安全氣囊，但如此一來，新車的價位就不會像現在這麼低，貧窮的家庭就只能開著老舊汽車，沒有任何先進的安全配備。

雖然我們討論了很多食物中的化學物質，但可以確定的是，現在人類的生活要比以前安全多了。人類壽命是一百年前的兩倍（但壽命延長也會產生問題，包括擁擠的老人病房）。肺炎與流行性感冒過去每年會奪走數十萬人的性命，但現在的死亡率已是十九世紀末的六分之一。雖然人們發明汽車，但整體意外死亡率也已大幅下降。我們尚未征服的領域是癌症。癌症襲擊的通常是老年人，所以癌症患病率偏高的部分理由，是人類成功延長生命。

最起碼我們可以為醫藥、消費者與勞工安全上的成就感到驕傲，但也必須對我們改善世界的能力抱持謙遜。我們每個人都是賭徒，即使最痛恨這種想法的英國維多利亞時代的人也是。在討論政府發售債券時，已故英國首相威爾遜（Harold Wilson）曾對英國的「力量、自由與償債能力顯然要仰賴卑劣的獎券」感到絕望。他所說的獎券，其實不比我們每天在玩的獎券更卑劣。

我們在本章中討論的議題當然不只存在於美國。所有國家都必須設法解決醫療、環保及教育等問題。這些議題不能只從國內來觀察，就好像加拿大人已經瞭解，美國的酸雨並不會尊重國界。因此我們會在下一章中討論國際經濟，這是投資機會、也是政治衝突的豐富來源。

第三部

商品無國界

5 沒有人是座孤島

- 美國有多獨立？美國的貿易量有多大？
- 美國與誰貿易？
- 爲什麼各國之間會進行貿易？
- 什麼是放任主義？什麼是保護主義？
- 保護主義不能保護工作機會嗎？
- 其他國家是否公平進行貿易？
- 什麼是傾銷？
- 什麼是關貿總協烏拉圭回合談判？
- 什麼是北美自由貿易協定？
- 什麼是歐盟？
- 世界銀行與國際貨幣基金做些什麼？
- 制裁違規國家是否有效？

美國的民間故事裡，有很多生活艱苦的個人主義者：班揚（Paul Bunyan）在土地上打樁標示家園，證明自給自足的能力；四處飄蕩的神槍手無法安分工作或發展人際關係；或是像作家梭羅一樣離群索居，努力耕作、收割來養活自己。正如詩人愛默森所說，美國人確實崇拜自立。

那可能很不幸。因爲經濟繁榮是來自與他人合作，而不是離開人群。要記得，美國一開始就是個貿易殖民地——有些著名的愛國者其實是走私者——而且，美國的繁榮一直是建立在貿易與競爭之上，不是躲在壕溝中和吊橋下。如果當年的清教徒只是各自生活，沒有彼此分享食物或向當地的印第安人學習生存技巧，他們早就因疾病或饑荒而滅絕了。普利茅斯之岩（Plymouth Rock）正象徵當年麻州沿海的土地有多麼崎嶇貧瘠。所以，在艱苦個人主義的神話背後，還藏著艱苦社會生活的眞實故事。今天在波士頓郊外的華頓湖畔，有許多觀光客或踏青野餐的遊客絡繹於途，這個地方其實應該是美國歷史的標記，而不只是梭羅採集堅果的地方。

雖然美國人是藉著貿易而繁榮，他們有時仍然會陷入孤立主義的情緒之中。尤其是在經濟停滯時期，美國人常會抨擊外國人來推卸責任。畢竟一般人會想，如果外國人賣東西到美國來，一定會搶走美國的工作機會。近年來，日本一直是這種挫折及怨恨的發洩對象。當然，其他國家也有這種不安全感。例如在一九九四年二月，法國的漁人將戶外市場販售的魚剁碎來抗議外國魚進口。同一時間，法國海鮮檢驗人員發動怠工，任由七十噸的美國魚在戴高樂機場發臭。這些行動的受害者（除了被剁碎的魚之外）通常是國內的消費者，因爲他們必須花更多錢來買食物。

美國有多獨立？美國的貿易量有多大？

自從五月花號抵達北美洲，美國的經濟網路幾乎每一年都在擴展。美國在十九世紀藉著大幅增加境內與境外的貿易而日漸強大。拓荒者一路穿過阿帕拉契山脈，帶來新的食物和建築材料，商人也在外國土地上找到美國商品的新市場。但美國偶爾會陷入自立的模式。例如，美國國會在一九三〇年決定將經濟衰退的責任推給外國人，所以通過了「史慕特—郝雷關稅法案」，將關稅調高六〇％，外國商品因而被拒在美國港口外。該法案甚至對腰果這種美國沒有國內保護對象的產品，也大幅調高關稅（調幅一〇〇〇％）。超過一千位經濟學家請求華府否決這項法案，也有三十六個國家哀求美國國會改變心意，但都徒勞無功。美國的歐洲盟友隨後採取保護主義來報復，將造船廠變成障礙物。很快地，超過六十個國家加入這項行動。三分之二的世界貿易因此崩潰，每個人也都變窮。一九三〇年的衰退最後更陷入經濟大蕭條。低哼歌手告別「生命中最美好的就是自由」這種快樂的歌，改唱「老兄，可以賞我一角嗎？」德國的華爾滋也變成軍人的踢正步。

自一九三〇年到二次大戰間，政治壓力像條蟒蛇一樣持續地緊纏世界經濟，每個國家的港口都釘著「不准進入」的告示。二次大戰結束後，歐洲各國政府看到殘破的工廠，終於體認這些斷垣殘壁無法讓他們自給自足。所以他們拆除了「不准進入」的告示。美國軍隊回家以後，美國人民也開始把產品運到歐洲。自一九五〇年代開始，世界貿易迅速成長，國民所得因而扶搖直上。一九五九年時，美國出口產品僅占總產出的四%，但這個比例到了一九九〇年已經變成原來的三倍。美國現在直接依賴出口產品的工作比以前還多——一九九三年美國約有七百五十萬個工作與出口有關，比一九八六年增加四五%。此外，美國的出口大於任何一個國家，包括日本。

跳進這場出口遊戲之後，美國的商業技巧也愈來愈純熟。激烈的競爭迫使美國企業不得不強化體質、提升智慧。在一九七〇年代，美國汽車不僅性能差勁，瑕疵率也是日本汽車的兩倍。「三大」車廠的主管現在都承認，過去賣的車子不論是機械設計、內裝和面漆都很遜色。誰會因爲密封墊片鬆脫或變速器不靈而被迫站在雨中？是美國消費者。有位朋友告訴我，他小時候一直以爲家裡每年一定要花五百美元去修理龐帝克汽車，好像美國國會曾有這個規定似的。美國的汽車消費者顯然沒有多少選擇，因爲以前除了福斯金龜車之外，幾乎沒有外國車可以購買。

在一九七三年OPEC石油禁運以後，美國人開始發現日本汽車性能可靠又省油。日本人奪取了通用、福特與克萊斯勒的市場占有率，讓這三大車廠站立不穩，必須重畫汽車設計圖。三大車廠花了超過十年的時間才學到這個教訓，不過也因爲日本汽車帶來的挑戰，今天美國車廠終於可以生產更優良的汽車。通用幾年前曾花了一大筆錢在報紙登廣告。廣告中有一個圖表說明過去通用汽車的瑕疵率是日本車的十倍，現在則已經有幾乎相同的水準。

雖然美國出口的商品數量冠於世界各國，但它也擁有最大的國內市場。這是美國的一大優勢，因爲企業可以先在國內市場改進產品、獲取利潤，修正產品方向後進軍風險更高的國際市場。國際行銷是很昂貴的業務計畫，因爲各國消費者的喜好並不相同。

不過，小型經濟體沒有條件等待。瑞士的人口數不足以支撐國內的製藥業。沒有那麼多瑞士人會因爲患了乾癬而心碎，需要龐大經費的研發因此無從進行。所以羅氏等瑞士藥廠幾乎必須一生產就立刻出口，以支付經營成本。默克藥廠等美國業者就可以先在西岸賺一票，然後再考慮是否出口。所以，像比利時這樣的小國家，有六〇%的國民所得來自出口是很自然的事——但布魯塞爾可不是靠比利時鬆餅來賺錢！比利時是全球前十大科學儀器及醫療用品的出口國。德國也有超過三〇%的國民所得是來自出口，外銷商品範圍廣泛，從百靈牌咖啡機到ＢＭＷ汽車都有。

美國與誰貿易？

只要有鈔票就好。當然，與鄰居貿易最簡單，所以加拿大才會是美國最主要的貿易夥伴，其餘則依序是歐洲、拉丁美洲、日本及亞洲小龍：南韓、台灣和新加坡。

我們都聽過追悼美國貿易競爭力的淒涼輓歌。歌詞告訴我們，沒有人想買美國貨。不要相信它。那的確是一九八〇年代初期動人心弦的哀歌，因爲那時美元升值到歷史頂點，使美國出口品的價格高不可攀（下一章將討論這個現象）。但美國的產業自一九八〇年代後期已經開始加強產品品質與競爭力。現在外國都要排隊買美國的飛機、電腦、半導體、化學藥品，當然還有農產品。美國對日本的出口成長率，自一九八六年以來幾乎激增百分之百。歐洲的外交官現在會飛到華府，抱怨美國的某些產業太強，他們難以競爭。

美國職棒著名捕手尤奇．貝拉曾說過，有時只要四處張望，你就可以看見很多東西。不過，有時並非如此。如果你看看家裡，可能會看到一些日本製的電器：一台新力隨身聽、一個東芝時鐘收音機、一架夏普電視。美國中西部的工廠已不再大量生產這些家電了。但是美國執世界牛耳的產品，可能是你沒辦法在床頭櫃上或住家附近看到的：波音七四七、履帶推土機、光纖電纜與電腦斷層掃瞄儀器。重點在於，日常用品的外觀不一定可以讓人清楚瞭解實際的貿易量。

換個角度來說，人們也不應該過度誇耀自己的成功。雖然美國的出口額的確比較高（一九九三年時約爲四千三百億美元），但向外國購買的商品更多，所以美國有貿易赤字的問題。美國每年的進口值約爲五千億美元，其中包括ＯＰＥＣ的石油、外國汽車、鋼鐵、消費性電子產品及服飾品。（我們將在下一章詳細討論貿易順差與貿易逆差。）

爲什麼各國之間會進行貿易？

與每個人的交易理由相同。不要管那些複雜的經濟模型，只要打開你的碗櫥就可以知道了。假設綠巨人與莎莉各自擁有一個功能不全的家庭。綠巨人的基本問題是：他的孩子受不了每天只吃蔬菜。雖然老爸很會種綠色的東西，但是小豆芽還是渴望吃到甜點。另一方面，跟電視廣告相反，莎莉的胖小孩並不喜歡她的烘焙，他們早就吃膩了雪藏蛋糕與冷凍甜甜圈。他們問：「爲什麼妳不能偶爾煮一點豆子給我們吃？」

怎麼辦呢？小豆芽偷偷帶了一些吃不完的蔬菜溜出去。莎莉的小胖球則拿了幾個甜甜圈從後門滾出來。他們交換食物。最後，小豆芽們滿足吃甜食的渴望，而莎莉那幾個小胖球也吃到一點纖維。

當然，小豆芽和小胖球可以不告訴別人這個祕密。小豆芽或許可以不靠任何人幫忙，自己嘗試烤幾個甜甜圈，小胖球也可以撒些種子，等個一年。但是，一次快速的交易可以讓他們省下無謂的努力。

就像小豆芽與小胖球同意彼此交換而不是費力達到自給自足，德國決定不要自己種香蕉，哥斯大黎加決定不生產汽車，而美國決定不養蠶。

一個國家或地區怎麼知道要生產什麼呢？這一次，我們就可以聽從尤奇·貝拉的建議去四處看看了。例如，肥沃的土地與充沛的雨量讓愛荷華州農民可以種植玉米。除了天然資源的差異，某些地區可能會隨時間累積更專業的技術水準，或利用特殊的大眾文化。因此，紐約與倫敦是全球金融重鎮，每年「生產」新的金融工具，而加州矽谷則擁有傲人的電腦科技。南非掌控了全世界的鑽石開採事業，但這些鑽石經常在阿姆斯特丹與特拉維夫精製及切割。

專業化生產的地區就可以降低平均成本。瑞士的藥廠雖然在研發上投入數十億資金，但這些成本是由全球客戶共同分擔。如果某家公司只在蘇黎世這樣的地方銷售，那麼該城市的少數客戶就必須承擔所有的研發經費。於是，世界貿易促成了經濟學家所謂的「規模經濟」。消費者可因此便宜購物，企業可以多賺錢，進而創造更多工作並提高所得水準。

什麼是放任主義？什麼是保護主義？

現代經濟學之父亞當・史密斯曾在法國與路易十五的重農主義者（physiocrat）朋友一起研究。他返回英國時帶了一個紀念品叫「放任」（laissez-faire）。這個法文名詞的意思是「讓人們去做（他們選擇要做的事）」。而亞當・史密斯的樂觀天性讓這個名詞聽起來有點像法文「laissez les bon temps rouler」（讓美好時光繼續吧）。經濟學家談到放任政策時，指的是自由貿易——讓人們不受政府阻礙而交換商品。

李嘉圖是一位聰明的英國股票經紀人，後來成為英國國會議員，在十八世紀初修正亞當・史密斯的放任主義。他指出，不論商人在不同城市如何以不同價格銷售相同商品，如果商人間可以彼此競爭，對消費者會比較有利。不過，李嘉圖後來變得很沮喪，因爲英國政府不同意他的論點，也不願撤除對付歐洲大陸的貿易障礙，尤其是禁止廉價穀物進口的「穀物法」（Corn Laws）。

雖然李嘉圖在個人財務上經營得比多數國會議員成功，但他的動機不是要照顧優秀的商人，而是爲一般勞工感到非常憂慮。國會犧牲貧苦的勞工來保護富有的農民，這種行爲令李嘉圖感到失望。在他的時代，工人大概要花掉一半收入去買由穀物做成的麵包。然而，「穀物法」推升了麵包價格。只要允許廉價的穀物渡過英吉利海峽，英國國會就可以增加勞工的實質收入，但他們直到一八四六年，就是李嘉圖去世二十三年之後，才終於讓步。

雖然企業常常努力讓大家以爲他們很愛競爭，但是他們就像是認爲莎士比亞作品對孩子有好處的父母一樣，自己卻絕不想再忍受一次《暴風雨》。眞相是，大多數公司都喜歡獨占，而且通常逼迫政府協助他們達成目的。

如果小飛俠在空中穿梭，將免費的花生醬送給每個小朋友，花生醬工廠要怎麼維持運作呢？對李嘉圖及自由貿易者來說，很不幸的是，花生農夫會提議用槍瞄準並轟下小飛俠。因爲小飛俠是來自外國的競爭者，農夫會宣稱小飛俠剝奪了他們的工作機會。他們才不管小飛俠的快遞服務可以提供孩子免費的食物，並幫助貧窮的家庭呢！他們會要求免於競爭的「保護」。

而且他們有可能得到這種保護。我們怎麼知道呢？儘管沒有小飛俠在天空飛來飛去，到處發送免費的花生醬，外國的花生農夫卻眞的能用低成本供應。但美國政府就是說不。美國國會只准許一百七十萬磅的花生進口。雖然這個數字聽起來很多，但其實微不足道——不到美國穀物產量千分之一。誰要爲這個配額付出代價呢？除了外國生產業者損失商機，美國消費者也要付出更高成本去買原本可以很便宜的花生。貧窮家庭的感覺會最強烈，因爲他們的家庭支出中有較大比例要用來買花生醬。由於美國政府決定把小飛俠轟下來，所以兒童營養計畫最後只會讓納稅人繳更多錢，但分配給窮人的錢卻變少了。

當然，美國花生農夫都不希望失去可以致富的保護。研究顯示，他們因爲這項進口配額而多賺幾乎五億美元。美國前總統卡特本來只是喬治亞州身份低微的花生農夫，但美國政府讓他變得大富大貴。

亞當・史密斯不會覺得意外。他知道生意人最愛誇張討論人與人的競爭，但在內心深處，他們最希望擁有特權。你可以先幫商人打一針老實藥，然後請那些希望公司受到保護的人鼓掌示意。而如雷的掌聲會釋放足夠的能量來挽救童話中的小仙女，讓她長生不老。

美國非常喜歡花生進口配額，後來也對糖採取同樣限制，讓消費者每年需要多花十四億美元，其中四〇%的獲利都流入一%的製糖業者的荷包。美國的製糖業者當然愛死這個配額了。但他們不是唯一的受惠者。如果國會威脅取消對糖業的保護，美國的玉米業者也會一起發瘋。爲什麼呢？你可以打開冰箱拿出果醬和汽水，看看上面的成分標示。你很可能發現其中的甘味料包括玉米糖漿。玉米是什麼時候開始被加到草莓果醬裡的？自從國會決定推升糖價以後。在進口糖配額上，玉米農夫其實可能跟製糖業者有同樣的利害關係。

所以現在我們發現，想吃花生醬和果醬三明治的孩子，會被政府用這兩樣東西重摑一巴掌。那麼牛奶又如何呢？別問了。美國在這個行業也限制國外及國內的競爭。政府透過「支持」制度來抬高牛奶的價格。華府有一個有力的遊說團體叫做「聯合酪農完全政治教育小組」。如果歐威爾還在世，他恐怕必須改寫《動物農莊》，以表現書中主角如何否認接受價格支持、進口保護和直接補助。我們已經看過遊說會形成怪異的合作關係，但可能還不知道美國的酪農在一九三七年幫助菲律賓邁向獨立。爲什麼呢？因爲當時還是美國領土的菲律賓，原本可以運送足以威脅奶油市場的大量椰子油到美國境內。

在我們思考進口糖配額如何傷害美國的孩子時，我們也應該想想這些措施怎麼促使第三世界的經濟停滯，來懲罰外國小孩。舉例來說，許多加勒比海及拉丁美洲國家可以用很低廉的成本成功種植甘蔗。但是，美國人叫他們留著自己用就好了。目前美國的進口糖配額是二十世紀以來最嚴苛的。難怪第三世界的人會覺得古柯葉比較好賺，犯罪團體是比較和善的貿易夥伴。如果美國不准他們銷售合法的農作物，又怎能責怪他們種植違法的毒品呢？美國的政策是，如果著名的食品業者貝蒂克洛克（Betty Crocker）隨意使用牙買加的糖，也會被視爲冷酷的罪犯。

我們不能責怪第三世界國家會將先進國家稱爲「僞君子」——畢竟是先進國家勸他們放

棄社會主義來追求自由市場。一旦他們成功，先進國家又把他們摒除富有世界之外。「第一世界」的官僚向第三世界領導者保證，希望他們能夠成長，但卻暗自祈禱這一天永遠不會來，甚至想辦法阻止他們實現。例如，孟加拉就有八〇％的出口必須面臨其他國家的限制。出口力道強勁的孟加拉，平均每人GDP卻只相當六雙球鞋的價格。一九九四年時，美國商務部宣布對來自肯亞的枕頭套設定配額，但是這個國家的平均每人GDP，只相當於一套高級床單與被子。

保護主義不能保護工作機會嗎？

能，但代價是什麼？自由貿易不是無痛的貿易。當有人發展出更好的產品或更便宜的生產方式，競爭者就應該感到害怕。通常他們因此失去生意。打字機公司聽到IBM正在發展個人電腦時，頓時陷入憂鬱。複寫紙生產經理在知道全錄影印機問世時，可能會絕望地跳樓。冰塊搬運工一定曾拿著冰冷的鉗子威脅冰箱公司主管。

如果政府阻礙進步，的確可以幫過時的企業留住一些工作。同樣地，避免貿易可以為受到保護的公司保留某些工作。但是整體的就業機會通常會減少，使經濟體付出更高代價。政府如果只是付錢給被解雇的員工，要他們留在家裡，而不是表面維持企業的生意，效果通常會比較好。東歐共產國家示範了如何在破壞的體制中保留工作，並確保普遍的貧窮。俄羅斯境內就曾流傳一個笑話：工人假裝生產，政府則假裝付錢給這些工人。

美國在一九八○年代禁止鋼鐵進口，使汽車以及所有鋼鐵製品的成本大幅提高。研究顯示，這些限制使美國消費者在一九八八年付出十億美元的代價。與其保護鋼鐵業者，迫使消費者負擔隱藏的成本，政府不如再訓練並直接補貼那些被解雇的員工。在一九九○至一九九一年的衰退期間，保護鋼鐵業的壓力大增。有多項關稅及反傾銷措施被用來對抗外國廠商，而這些行動讓鋼鐵使用者必須爲每個保留下來的工作，付出超過八十萬美元的代價！美國雖然保住一些鋼鐵業的工作機會，但卻失去所有會使用到鋼鐵的製造業中的工作機會。這與亞當・史密斯認爲可以創造工作及財富的「看不見的手」，是迥然不同的。有一個國會議員曾把這種貿易障礙叫做「看不見的腳」，因爲它會把人們從工作崗位上踢掉。

記住，政府的目標不應該只是保留舊工作與過去一樣多。工人應該要生產人們想買的東西。否則我們就應該凍結一八七九年的勞動力，將愛迪生以分裂的罪名逮捕。諧星米爾頓・伯爾曾說，如果沒有愛迪生，我們現在都得點著蠟燭看電視。

法國經濟學家巴師夏（Frédéric Bastiat）在一八四○年代曾寫過數篇文章抨擊保護主義。他在其中一篇滑稽的文章中，向政府保證可以使鐵路業的工作機會增加一倍。怎麼做呢？砍斷每個人的右手。

其他國家是否公平進行貿易？

不是。許多國家比美國還糟糕。法國甚至保護電影與電視產業來避免外國競爭。法國人愛看重播的《朱門恩怨》及阿諾史瓦辛格的電影，讓政府首長非常尷尬，只好削減可以在電視上播映的美國節目數量，以及可以在電影院中放映的美國電影比例。主張自由貿易的人相信，如果法國人愛看阿諾史瓦辛格或傑瑞路易斯，觀眾就應該可以看一整天的《魔鬼終結者2》或《隨身變》，可是法國政府並不認同。

除了配額之外，法國政府還設計出另一種方法，可以自美國製作人手中奪取利潤：強迫他們與法國企業合資。這種類似逼婚的方法導致合法的勒索和公開的賄賂。因此美國業者不斷開巨額支票給法國企業，求他們一起行動。

法國這種抗拒作風可以回溯到多年以前。巴師夏曾寫過一篇非常諷刺的請願書，請願者包括：

蠟燭、燭心、燈籠、燭台、街燈、熄燭具、熄燈器等製造廠商，石油、獸脂、樹脂、酒精以及所有照明相關用品的生產者。

致可敬的議會諸公

諸位先生：

……我們現在正因一場毀滅性的競爭而遭逢苦難。這位競爭者的生產條件顯然遠優於我們照明業者。他正以不可思議的低價席捲國內市場……這位對手……正是太陽……

我們懇求各位通過法令，要求關閉所有的窗戶、老虎窗、天窗、室內與室外的窗板、窗簾、兩扇式窗、牛眼窗、固定式窗户。總之，就是關閉所有開孔、洞口、裂縫……

如果您們可以儘量關閉所有自然光線的通路，創造出人造光線的需求，法國有哪一種產業不會受到鼓舞呢？……

如果法國消費更多獸脂，就會有更多的牛與羊……

這種狀況亦適用於航運業。

任何一個痛恨競爭的製造業者幾乎都有相同的觀點。如果你以爲法國人太過分，可以再想想日本人。他們宣稱日本獨特的雪一定要用日製滑雪用具，美製棒球棍也不適合日本的棒球。雖然日本人已經逐漸開放稻米市場，但是官員規定，受歡迎的加州米一定要與其他劣質米混合販賣。

雖然有這些惡名昭彰的例子，但其實美國、日本及歐盟的罪行程度並無不同。這些國家的平均關稅稅率介於一．五至三％間，視產品而定。然而關鍵性的產品如鋼鐵、農產品、交通工具及紡織品，關稅稅率平均在二五到五〇％。

由於多數政客都知道「保護主義」是不好的字眼，所以他們搜尋委婉的說法來避免名聲受損。有一個很方便但卑劣的說法是「自動出口設限」（VER）。在VER的規定下，進口國的領導者可以把出口國的領導者逼到絕境，然後——用一句黑手黨電影的台詞——提出一個你無法拒絕的建議：「別再運過來那麼多東西。」

這是一九八○年代日本汽車大量湧入美國市場以後發生的事。屈服於美國國會的日本汽車業者，「自動」減少汽車的出口。由於VER抑制汽車的供給，所以價格出現顯著的揚升，美國業者則得以調高他們生產的老爺車價格。誰付出代價？美國消費者。在實施VER後的前三年，他們看見車價上漲了三千美元。布魯金斯研究所的經濟學家克蘭道（Robert Crandall）觀察道：「政府把消費者放入盤中並端上桌，三大車廠忍不住大快朵頤。」

什麼是傾銷？

美國業者常宣稱外國商品應該被擋在邊界外，因爲外國人傾銷商品到美國市場。傾銷是指生產者以低於成本或本國市場的價格，在外國市場中銷售。如果政府發現某家公司有傾銷的事實，就可以課徵反傾銷稅來墊高價格。有時候，某些國家會曲解這些規定。舉例來說，美國在一九八○年代控告波蘭傾銷高爾夫球車，而其實波蘭國內完全沒有銷售這種車子。你什麼時候看過波蘭前總統華勒沙在練習上桿？

雖然美國業者幾乎每天都在喊「傾銷！」但傾銷通常是經濟衰退期的暫時現象，因爲出口商有國內市場滯銷的多餘商品。但如果出口商持續以低價銷售，這並不是傾銷，而是正確的市場策略。

通用、福特與克萊斯勒三大車廠多年來一直抱怨，日本人在美國境內傾銷小型廂型車及休閒車。事實上，三大車廠完全主宰美國市場，並以低於日本車的價格銷售汽車。但它們仍不斷要求國會把日本車歸類為卡車。為什麼要把迷你休旅車稱為卡車呢？因為進口時必須支付二五％的關稅。這種關稅源於一九六三年，是為了暫時性報復歐洲限制美國家禽肉進口而設計的。

英國人特別擔心這項「卡車」關稅，因為美國是英國路華越野車的外銷市場。英國政府官員使出混身解數，遊說任何願意聽他們說話的華府人士。他們的宣傳詞是：「女王在皇宮庭院裡駕駛的就是路華車。女王絕不會開卡車。」

有時候，傾銷是出於絕望。舉例來說，俄羅斯在一九九〇年初需錢孔急，於是開始盡力生產鋁來換錢。從一九九〇年到一九九三年，鋁的銷售量激增為原來的八倍。俄羅斯企業賺的錢可能無法支付所有生產成本，但他們似乎不在乎，因為成本回收是會計師長期要擔心的事。在危機之中，企業大喊的是：「我要現金！」

美國政府對這些傾銷控訴總是不予理會，因為大部分都似是而非。聰明的政府知道，貿易可以溫和地強迫人民將珍貴資源用在高生產力的產業。如果企業能做這樣的轉換，家庭就可以用較少的犧牲享受較多的商品。

什麼是關貿總協烏拉圭回合談判？

每個國家都會保護某些產業。沒有國家在上談判桌時是兩手乾淨的，但只要他們還願意談判，我們就該謝天謝地。這個談判桌被稱爲「關稅暨貿易總協定」（ＧＡＴＴ，編按：即ＷＴＯ的前身）。一九三〇年代時，貿易大降、收入銳減，大部分國家都學到了教訓。於是工業國家在一九四七年成立ＧＡＴＴ，有四萬五千項產品的關稅獲得調降。美國率先調降四分之三的進口品關稅，其他國家則調降三分之一的美國出口品關稅。雖然爭議仍持續出現，但是全球平均關稅已由一九四七年的四〇％劇降至今日的四％。不過，許多個別產業的保護主義仍然存在。

持續進行的ＧＡＴＴ談判，以「回合」做爲區分。「回合」這個名詞很適合用在好辯外交官之間如拳擊比賽般的談判。每個回合是依會議舉行地或全球領導者而命名，例如東京回合（一九七四至一九七九年）或甘迺迪回合（一九六四至一九六七年）。每個與會者都希望在回合結束前達成新的協議。

第八回合談判於一九八六年在烏拉圭的東岬舉行，來自一百餘國的代表陸續占領海濱的度假村。這些談判代表除了讓當地商人的荷包變厚，還彼此努力較勁，希望解決農產品及紡織品上的爭執。此外，自東京回合以來，服務業對全球經濟日益重要，包括金融服務及智慧財產權，所以第八回合談判希望能訂定一些該產業的遊戲規則。經過七年的無數妥協，各國領導者終於在一九九三年十二月達成協議。

根據美國國際貿易委員會（ＩＴＣ）的估算，美國藝術家、發明家與企業每年會因專利、版權及商標的侵權而損失五百億美元。既然世界經濟現在多仰賴腦力而非勞力，保護智慧財產權對誠實的貿易就非常重要。舉例來說，良藥公司爲一種高風險藥物而投入數百萬美元的研發費用。如果其他公司只是在一旁等待良藥公司大叫：「我找到了！」然後偷走這項藥方，良藥公司進行其他研究的動機就會完全崩潰。迪士尼公司花了數億美元在法國興建歐洲迪士尼，它不可能忍受巴黎的卡車休息站老闆在牆壁上畫米老鼠，並宣稱他的加油管是「歐洲迪士尼世界的專屬加油管」。

經濟學家估計，烏拉圭回合協議可以在之後十年內使美國的國民所得增加一千億到兩千億美元，也就是每個美國家庭可增加收入一千到兩千美元。當年的談判賭注相當高。如果各國代表在一九九三年未能達成烏拉圭回合協議，他們可能會引發危險的世界貿易大戰，任何增加所得的希望也將因此破滅。

歐洲農民傾全力阻礙新協議。他們堅持生產歐洲人消化不完的食物，並阻止其他國家的食品進入歐洲市場。他們是冥頑不靈的談判者。有幾千名法國農民還特別在第八回合談判時，展現他們比二次大戰法國軍隊更發達的肌肉。幾年前，法國農業部長柯瑞松夫人（Edith Cresson）曾被一群揮舞耙子、反對削減補貼的農民在田野中追趕。自從看到她像《綠野仙蹤》裡的稻草人在莊稼間逃跑的樣子，法國其他政客已學會乖乖留在巴黎。

什麼是北美自由貿易協定？

一九八八年時，美國總統雷根與加拿大總理穆隆尼（Brian Mulroney）簽署了「美加自由貿易協定」，撤除兩國間大部分的貿易障礙。爵士歌手吉米．杜蘭得以前常抱怨：「每個人都想參一腳。」很快地，墨西哥政府也要求加入這項協定，證明他所言不虛。

「北美自由貿易協定」（NAFTA）經過數年磋商，於一九九三年簽訂，目的是要讓整個北美洲變成一家免稅商店。由於墨西哥的關稅平均是美國的兩倍，所以美國出口商從這項協定中看到龐大的商機。自一九八六年墨西哥加入GATT以後，美國對墨西哥的出口成長超過一三〇％；在那之前，墨西哥的關稅水準更高。

然而，許多美國人擔心他們會因爲貿易協定而失去工作。裴洛曾以他帶著鼻音的德州口音，描述工作機會南移是「一種極大的吸吮聲」。雖然裴洛有點誇張，但的確有一些美國人因此失去工作。例如，佛羅里達州的柑橘農可能就無法與墨西哥同行競爭。另一方面，專家預料加州的桃子果農與愛荷華州的玉米農，可以拓展對墨西哥的外銷。在一九九四年上半年，美國蘋果業者對墨西哥的外銷就成長了將近一倍。

關鍵的問題在於：工作機會的創造是否多於毀滅？新的工作機會是否優於舊的？在一項廣泛的調查中，國際經濟研究所（IIE）對這些問題的回答都是肯定的。不過，美國政府還是聰明地設立一個規模數十億美元的基金會，來補助因貿易協定而遭受損失的美國人。

美國甚至在NAFTA中規畫「保護機制」：如果墨西哥商品開始大量侵入特定市場，美國可以限制進口數量。儘管如此，多數美國工會仍然極力反對NAFTA。

NAFTA的協商過程非常需要技巧，特別是在北美商品內容的定義。舉例來說，如果豐田汽車在墨西哥裝配，這些車子是否可列爲北美協定商品，可以免稅進入美、加境內？還是日本必須先把關稅降至零，豐田汽車才能享受NAFTA的優惠？這項協定的重點在於，日本不得以墨西哥做爲外銷美國的「跳板」。美國與加拿大的談判代表堅持採取嚴格的「原產地規定」。

既然NAFTA已經獲得三個國家的同意，智利和其他拉丁美洲國家也要求加入。就像吉米・杜蘭得說的，如果是場好戲，每個人都想參一腳。但要將NAFTA向南延伸的協商非常艱難。加州的葡萄園主人已經準備用美酒佳餚，說服國會議員否決智利的請求。

什麼是歐盟？

如同我先前提過的，促進經濟成長最簡單的辦法，就是破除貿易障礙。自給自足是腐壞的酵母。而健康的經濟就像一個好吃的蛋糕，需要一點彈性與張力。從羅馬時代開始，歐洲的領導者就一直努力避免分裂爲許多民族或家族小國，各有不同的貨幣與法律。最糟糕的是，歐洲擁有多得數不清的收費橋梁，以致在市場間運送商品的費用貴得令人咋舌。

要摧毀三十五個國家間的貿易限制並促進一致，並不是容易的事。畢竟每個國家都有自身的偏好與偏見。從歷史上來看，英國人比較喜歡與過去的殖民地分享午茶與圓餅，而不是英吉利海峽對岸的鄰居。他們總是輕蔑地稱呼法國人爲「青蛙」，而許多人也不瞭解爲何要興建「海底隧道」來連結英法兩國。法國人自己爲了某項政策就有鬧不完的內訌。戴高樂就曾悲嘆，他實在沒有辦法治理一個有三百八十五種乳酪的國家！

不過，在二次大戰後，歐洲各國領導者發現他們在促成歐洲分裂的過程中，已經浪費了經濟成長的機會。如果美國可以把各個不同的殖民地結合成世界最強的致富力量，或許歐洲也可以開始朝著「歐洲合眾國」的目標前進。歐洲在過去半個世紀雖然遭遇許多紛爭，但仍吃力地邁向這個目標。

一九五七年時，比利時、荷蘭、法國、義大利、西德與盧森堡共同跨出了第一步，成立歐洲煤鋼共同體（ＥＣＳＣ），後來陸續改爲歐洲經濟共同體（ＥＥＣ）、歐洲共同體（ＥＣ），一九九四年以後則組成歐盟。在這數十年之中，英國、西班牙、希臘、丹麥、愛爾蘭與葡萄牙等國也陸續加入。從經濟學家的角度來看，這些國家最重要的決定，是要建立「關稅同盟」。關稅同盟是在參與國家間形成一個自由貿易區，並對於該區域以外的商品及勞務採行統一關稅。後面這點極爲重要。因爲如果每個國家有不同的關稅，區域外的國家如中國，就只會出口到歐盟中關稅最低的成員國，並藉此進入其他高關稅國家。

當然，如果關稅同盟可以取消對區域外國家的所有障礙，可以刺激更多經濟成長。然而，歐盟有時看起來就像歐洲碉堡，內部相通卻對外封閉。你彷彿可以聽見十幾種歐洲語言不和諧地唱著一首老童謠：「滴答、滴答，遊戲鎖起來了，沒有別人可以玩了。」特別是「共同農業政策」（CAP），它支持低效率的歐洲農民，卻犧牲歐洲消費者及全世界的農民。這些帶有偏見的政策往往引起歐盟內部的衝突。舉例來說，德國人就非常厭惡占滿超市置物架的法國前殖民地的香蕉，因為又小又軟；他們比較喜歡拉丁美洲的碩大香蕉。

一九八〇年代，西歐發現他們需要更進一步推動市場統一。是什麼因素激勵這些領導者呢？是恐懼。他們望見大西洋彼岸的美國創造出數百萬個新工作。他們看到亞洲的日本竊取他們先進產業的市占率。分裂的勞動和資本市場、過度規範以及日益膨脹的社會福利，使歐洲看來毫無生氣。專家稱這種毛病為「歐洲硬化症」（Eurosclerosis），而政府領導者試圖以「單一市場計畫」來迅速解除管制及整合。

由歐洲委員會出版的一九八五年白皮書中，針對單一市場計畫列出三百種以上的建議。這項實施中的新制度，取消了歐盟商品在內部邊界的檢查、歐盟內部資金流通的控制，以及歐盟居民的工作許可等規定。所以歐洲應該會更有效率。

然而，採用統一的規則不應該是最終目標。我們可以很容易地想像一個擁有統一規定的歐洲，但是創新與生產力也會因此受到打擊。舉例來說，如果每個國家同意每位雇主都應該提供房屋給員工，我們固然會看到完美的一致，但也會看到完全的災難。我發現歐洲委員會最近出版的刊物《歐盟》很有趣，它選擇蜘蛛網做為「組織感」的象徵。而歐洲懷疑論者會納悶：「這個蜘蛛網到底會捉到誰？」

除了單一市場，歐盟還試圖推動單一貨幣。雖然一九九一年於荷蘭馬斯垂克簽署的「馬斯垂克條約」（Maastricht Treaty）已明文納入貨幣聯盟的基本原則，但這個目標恐怕要等到二十一世紀才能達成。下一章會提到，儘管歐盟經濟學家宣稱單一貨幣可以節省龐大的交易成本，使歐洲的不均GDP提高一％，但只有極少數國家願意放棄貨幣政策的掌控權。

歐洲似乎總是努力在統一與分裂間求取平衡。即使是企圖征服歐洲的查理曼大帝，也承認必須尊重歐洲的多元化。據說他對語言的見解是：「我用義大利話和我的女人談心，用法語吩咐廚師，用西班牙語與上帝溝通，用德語……叫喚我的馬。」

當歐洲與北美等西方富裕國家企圖解決內部貿易糾紛時，人們很容易忘記一些窮苦國家的人民，仍然必須爲基本生存而掙扎。爲了協助這些低開發地區，西方世界設立了世界銀行（World Bank）與國際貨幣基金（IMF）。

世界銀行與國際貨幣基金做些什麼？

首先，主辦許多雞尾酒會與宴會。每年秋天，數以千計的官員和私人銀行家會湧入某個全球性都市，參加世界銀行的年會。在一九九二和一九九三年時，由於有太多大人物出現在華府的年會，導致禮車出租業者必須到紐約調車才能滿足需求。到了晚上，銀行還占據了國家藝廊等建築，將其布置成豪華的晚會。

除了奢華的宴會和優渥的薪水，世界銀行也因爲對開發中國家低利貸款而著名，一九九三年的貸款金額便達兩百四十億美元。世界銀行從哪裡得到資金呢？富有國家，以及願意借錢給世界銀行的國際投資者。雖然世界銀行不會借錢給西歐，但西歐正是世界銀行運作的起點。二次大戰後，世界銀行在華府成立，挹注資金給飽受戰火凌虐的歐陸國家，而第一批受益國包括荷蘭、法國與丹麥。

ＩＭＦ與世界銀行配合運作，提供經濟諮詢和緊急資金給遭遇困難的經濟體。世界銀行提供長期融資計畫，ＩＭＦ則提供持續的諮詢，以確保經濟體回到正常軌道。ＩＭＦ通常相當嚴格地堅持其所提出的建議。它就好像一位無情的飲食治療醫師，通常會擬出一份嚴格的計畫，幫助困難經濟體恢復正常。開發中國家容易產生大而無當的官僚體系，提供豐厚補助給政府友好企業，還對新興事業設立重重關卡。ＩＭＦ會堅持政府領導者遵守計畫，否則該國將無法得到ＩＭＦ或世界銀行的金援。而被ＩＭＦ抨擊的國家，通常也得不到民間的貸款。

ＩＭＦ與世界銀行一樣，長久以來已成爲市場導向的組織。這主要是受到哈佛大學的沙克斯（Jeffrey Sachs）、哥倫比亞大學的巴格瓦提（Jagdish Bhagwati）、麻省理工學院的費雪（Stanley Fischer）及唐布許（Rudiger Dornbusch）等國際頂尖經濟學者的影響。在一九六〇與一九七〇年代，世界銀行經常鼓勵大型政府支出計畫及可重分配所得的稅制，但現在世界銀行與IMF重視自由化及打破貿易障礙。

以上有關世界銀行及IMF的討論，是假設那些國家想要得到西方的幫助，以躋身於工業化國家。但事實上，西方國家常會遭遇不友善或好戰的國家，於是前者會嘗試孤立後者來促進政治改革、甚至革命。例如，美國就曾在一九九四年帶頭對海地、伊拉克和北韓進行國際貿易制裁。

制裁違規國家是否有效？

美國一向以道德、經濟及軍事的超級強權自居，所以政客不斷跳上跳下，喊著美國人一定要利用經濟力量來修正道德錯誤。這種跳躍吶喊的行為由來已久。即使是學者氣息濃厚的威爾遜總統，有時也會鬆開領結，大喊要制裁德國。（繼任總統塔虎脫體重超過三百磅，就很少跳來跳去或大叫。）最近的例子是美國在一九九〇年因伊拉克入侵科威特而實行制裁。由於制裁通常會伴隨其他惡意攻擊敵人的方法（如對伊拉克進行轟炸，在古巴卡斯楚的奶昔下氰化毒藥），所以我們很難判斷制裁有多少效果。

什麼是制裁呢？基本上，制裁是指由政府主導對另一個政府的抵制。有時候抵制的是別國的出口（如美國自一九九〇年後拒絕購買伊拉克的石油），有時候是抵制客戶國（如美國在一九九七年拒絕出售武器給南非共和國）。另一個方法是凍結目標國的海外資產，就像二次大戰期間對日本的制裁。最傳統的制裁方式，是以海軍封鎖對手國的食物與武器供給。

既然經濟制裁是一種處罰形式，它的一般動機就不外乎是對正義公理的渴望，以及對嚇阻與恢復的需求。但由於社會改造重刑犯的功效令人失望，經濟學家因此懷疑單憑制裁是否可使「邪惡帝國」蛻變爲慈善家，甚至阻止他們做出卑劣的行爲。事實上，制裁的動機似乎常來自內部，也就是說，美國想要傳達一個訊息給自己：我們不敢奢望制裁可以改變敵人的行爲，但我們已努力證明國家的良知。在中國大陸發生天安門事件後，美國、歐洲及日本都對中國進行制裁。即使沒有人會期待這個冷酷的政權會悔改，並邀請年輕的抗議者再到廣場露營，但是民主國家的人民會因此感覺比較好，而且制裁的代價也比發動戰爭小多了。

蘇聯在瓦解前一定曾對美國的制裁感到疑惑。首先，蘇聯從以反共聞名的尼克森總統那裡聽到很棒的消息：他承諾賣給蘇聯大量的小麥。這使得美國境內的麵包價格大幅揚升，刺激部分美國消費者惡意抵制超市裡的麵包。諷刺的是，就因爲消費者時常指責超市，使這個舉動看起來好像超市的工讀生才是敵人，是必須制裁的目標。

接著在卡特時代，溫和自由派的卡特爲了抗議蘇聯侵略阿富汗，禁運穀物給蘇聯。誰受到最大傷害？是美國農民。所以他們狂吼抵制卡特競選連任。爲了懲罰蘇聯，卡特還阻止美國代表隊參加一九八〇年莫斯科奧運。卡特再一次遭到譴責，因爲他將外交政策押在美國人最著迷的電視轉播運動賽。

在這齣喜劇的倒數第二幕，痛恨共產黨的強硬派雷根將蘇聯稱爲「邪惡帝國」，他在與卡特競選總統時，承諾絕不會再禁止美國農產品出口。蘇聯的崩潰出現在最後一幕，但不是因爲制裁奏效，而是因爲它本身鬆散、錯誤的制度，無法達到人民對經濟進步的期待。

制裁的最大問題在於：人很狡猾。違法的國家通常是最狡猾的。除非所有國家都同意制裁，否則違法的國家還是可以自箝制中逃脫。制裁會以最尷尬的方式造成反效果，以下有個典型的例子：一九八〇年代中期，澳洲停止出口鈾至法國，以抗議法國在南太平洋試爆核武。法國人怎麼做呢？他們一笑置之。國際市場的鈾價滑落約五〇％，法國正好可轉向其他地方購買，還因爲澳洲毀約而省下不少錢。澳洲人又如何呢？他們哭了，因爲沒有其他國家願意用法國當時出的價格向澳洲買鈾。最後，澳洲政府花掉納稅人數百萬，才解救陷入困境的礦業。

只要被抵制的產品是大宗物資，如石油、穀物或金屬，前述這種南太平洋故事就會經常上演。因爲這些產品不會個別標示「違法地區生產」，一旦進入交易網路，沒有人可以查出原產地。美國可以拒絕購買中國絲綢，但是中國可以把絲綢賣給義大利，所以美國可能會買到從北京來的「義大利」絲綢。

一九九四年時，美國曾計畫封閉海地港口，以趕跑將民選政府推翻的殘忍軍政府。然而，海地與多明尼加共和國有部分領土位在同一個島上，所以觀察家立刻發現進入多明尼加的海運活動激增，與海地交界附近的卡車進出也變得頻繁。最後美國只好動員空軍轟炸，才把海地的軍政府趕走。

針對一次大戰到聯合國禁運伊拉克之間的一百一十六件制裁案例，有一項綜合研究得出相同的結論。制裁最有可能改變行爲的情況是：

一、制裁目的溫和，譬如爭取某位政治犯的釋放。

二、目標國家的經濟條件脆弱，且政局不穩定。

三、目標國家與制裁者有大量的貿易往來。

四、制裁行動迅速果決。

五、制裁者不會因制裁政策而遭遇過大損失。

我想再加一條規則：當制裁目標的領導者對人民沒有心理或實質上的箝制時，制裁會有最佳的效果。換言之，在眞正的邪惡帝國中，不論制裁爲一般民眾帶來多大痛苦，領導者還是可以長久在位。而好人往往很快投降。

本章的重點是放在來回穿梭國境的商品，但總要有人爲這些商品付錢。所以下一章我們將會討論國際金融體系，並解釋人們如何用美元、日圓和披索來完成這些交易。

6 貝殼串珠與曼哈頓

- 什麼是貿易餘額？
- 美國的貿易狀況如何？
- 什麼是資本帳？什麼是國際收支帳？
- 有經常帳逆差好嗎？
- 外國直接投資是否太多？
- 什麼因素會刺激外國投資？
- 外國投資好嗎？
- 美國境內外國投資的現狀如何？
- 爲什麼世界上的貨幣不只一種？
- 什麼是浮動匯率？
- 爲什麼貨幣的價值會改變？
- 我們一直都採用浮動匯率嗎？

- 什麼是歐洲貨幣制度？
- 誰是貨幣投機客？
- 什麼是資本逃竄？
- 什麼是避險貨幣？
- 什麼是金本位制度？

正如上一章的討論，商人每天載著一卡車、一卡車的貨品穿越國界。因爲現在沒有人以貨易貨，所以貨幣必須要換手。但要用哪一種貨幣呢？別國的貨幣又值多少錢呢？美國的小學生常聽到荷蘭人從印第安人手中買下曼哈頓的故事，他們只花了二十四美元及一些貝殼串珠。這個故事的隱喻是：喔！那些笨印第安人，被狡猾的荷蘭人騙了。但也許不是。你查過貝殼串珠現在的價值嗎？諾貝爾經濟學獎得主薩繆森曾計算出，十七世紀所投資的二十四美元，到了今天已經超過整個曼哈頓房地產的價值總和（複利的魔法！）。而且，印第安人還不用住在那裡，心碎地看著道奇隊在一九五八年離開布魯克林。

什麼是貿易餘額？

當企業家、業務員及工廠勞工努力生產並銷售他們的產品時，政府的會計人員會站在碼頭或邊界詢問：「這些東西要送到哪裡？值多少錢？」這些來自美國商務部的會計人員與外國同行，會加總貨物的進出口，計算出「商品貿易餘額」。政府會定期報告從國外買入的東西是否比賣出多。

以前人們在判斷國家「競爭力」時，只會觀察商品貿易。美國賣給外國的東西，大部分都是看得見、摸得到的東西，例如汽車、冰箱與鋼鐵等。可能有人會說，美國以前的國民生產毛額（GNP）非常有分量。但經過電腦及資訊革命之後，美國GNP的「重量」減輕了；看不見、摸不著的勞務已成爲寶貴的貿易商品。以紐約的銀行家爲例，他們提供金融諮詢給阿拉伯國家而賺得不少錢，但是他們不用「裝運」建議，只要用電話溝通就可以了。矽谷的電腦程式設計師則與日本人交換意見，建議採用價值數百萬美元或數兆日圓的新密碼。政府的會計人員就算站在東京成田機場，也等不到這項建議在跑道上降落。

你可能認爲這些珍貴的勞務在GNP中不占什麼分量，但千萬不要低估它們的價值。單是美國動畫產業在海外的銷售業績，就可以達到數十億美元。每磅電影軟片都可以爲美國業者賺進數百萬美元，然而最終的消費者（電影觀眾）看得到卻摸不著。

沒有用到鉚釘的商品，不代表就是沒有價值的出口品。所以，商品貿易餘額的計算似已顯得過時。各國已經承認「輕」商品與勞務的重要性，計算「經常帳餘額」來包括勞務、投資收入、其他無償性移轉及商品貿易餘額。由於經常帳餘額比商品貿易餘額的涵蓋範圍更廣，因此可以較清楚地說明一個國家如何在海外市場打天下。

但是，勞務是看不見的，所以勞務價值不易計算，會計規則也比較難處理。舉例來說，有一位日本觀光客大野先生飛到迪士尼世界，他在明日世界的餐廳裡點了一道義大利麵，而政府會將這列為美國對日本的出口。雖然這盤義大利麵沒有到過日本，但它的確進了一個日本人的肚子。雖然美國沒有派間諜去追蹤大野先生的行跡，但是政府可以估算外國貨幣換成美元的金額，來推測觀光客的支出。

瑞士人在蘇黎世為富有的外國人管理銀行帳戶，「出口」價值數十億美元的銀行服務。雖然這些錢從未離開蘇黎世，但是當瑞士銀行收取費用時，這些錢就會列為瑞士經常帳中的出口。如果瑞士銀行贈送烤麵包機給外國客戶，政府會將這些贈品列為商品貿易帳中的出口。當然，瑞士銀行能夠吸引全球資金——部分來自黑社會老大——的原因，不會是這些贈品，而是著名的保密性。黑手黨首腦大可從別的地方拿到烤麵包機。

美國的貿易狀況如何？

最近幾年，你可能常常聽到美國貿易逆差的問題。的確，美國的商品貿易逆差在不斷擴大，但勞務與外國投資收入則有大幅順差。美國人買進一槽槽的石油、一船船的汽車（不過美國汽車業者最近已從日本人手中搶回一些市場），但賣到外國的電腦、銀行與保險服務比任何國家還多。以一九九一年爲例，美國的進口額比出口額多了七百三十億美元。不過，如果計入美國的勞務、投資收入及無償性移轉，美國的經常帳逆差只有八十三億美元，在高達七兆美元的經濟規模中並不算多。

在一九九一年以後，美國的經常帳逆差逐漸擴大，這不是因爲美國的競爭力減弱，而是因爲歐洲與日本陷入嚴重衰退，無力購買更多的美國商品與勞務。

什麼是資本帳？什麼是國際收支帳？

會計師痛恨一團混亂。他們堅持資產負債表要整齊均衡（佛洛伊德學派將這種執著稱爲「肛門持有期」）。會計師告訴企業，資產必須等於負債。所以，美國政府的會計人員在看到一九九一年有八十三億美元的經常帳逆差時，沒有辦法不繼續進行分析。他們必須知道美國人民額外購買外國商品的八十三億美元應該記錄在哪裡。答案是：會計人員手中的「資本帳」。這份帳本是用來追蹤外國人買賣美國股票、債券與貨幣的活動。

資本帳可說是經常帳的倒影。如果美國有八十三億美元的經常帳逆差，資本帳會顯示八十三億美元的順差來互相抵銷。爲什麼呢？因爲外國人比年初多持有八十三億美元。

我們可以舉一個例子來說明。如果美國向法國購買的商品與勞務，比法國向美國買的多，法國人必然會持有很多美金。這些「額外」的美金就會計入資本帳。願意持有美金的法國人，最後還是會用美金去交換更多美國商品，或換回法郎。所以，經常帳逆差會完全被資本帳順差抵銷。像日本這種擁有龐大出口順差的國家，總是會累積巨額的資本帳逆差，因爲他們擁有太多其他國家的外匯。當會計師結束計算時，所有國家的「國際收支帳」都會等於零。

有經常帳逆差好嗎？

不一定。成長中的國家通常需要向外國買更多東西，也需要借錢來從事新建設和投資。美國在十九世紀中便需要外資來興建橋梁、水庫、學校及鐵路。美國人民的財富起初不足以支應這些投資。這些硬體設備雖然是「美國製造」，但應該標示「英國付錢」。雖然美國的經常帳逆差增加，但是沒有關係，因爲這些投資幫助美國經濟擴張，使美國有能力償還外債。

一九八〇年代初期，美國的資產負債表看起來就像是鐵達尼號。雖然經常帳在一九八一年有五十億美元的順差，但到一九八七年卻轉爲一千六百七十億美元的逆差。專家驚慌失措，美國國會則採取戲劇性的行動——根據華府標準程序：舉辦聽證會。膽小鬼合唱團咯咯叫著「美國已經失去競爭優勢，每天都有人失業」。

不過，我們應該記住，一千六百七十億美元的經常帳逆差可以被一千六百七十億美元的資本帳順差所抵銷。這表示外國人願意持有美元，其中大部分是美國國庫債券。事實上，這些債券就是世界各國對美國的貸款。如果當時美國浪費這些錢，結果會很悲慘。但美國將這些借款投資於工廠、設備及科技，所以到了一九八〇年代中期，美國的生產力成長率已經遠高於歐洲的貿易夥伴，也創造了一千兩百萬個新的工作機會。而歐洲則眼睜睜看著自己僵化。當然，美國人當年可以多存一點錢來做更多投資，並自行融通國內的建設計畫。但美國如果不從國外借錢，情況會更慘。

在一九五〇年代，日本的帳本也是一片赤字，因爲外銷的數量減少（導致經常帳逆差），又瘋狂向美國借款（導致資本帳順差）來興建工廠。當時某些分析師顯然擔心日本會成爲賒帳王國，而且永遠無法復原。

重點在於，我們不應嘲笑入不敷出的國家。這個現象通常是暫時的，因爲沒有一個國家可以永遠如此。如果外國投資者在一九九〇年代借錢給墨西哥，一九八〇年代借錢給美國，或在一九五〇年代借錢給日本，他們一定是認爲，投資這些國家比把錢放在家裡有更多報酬。

外國直接投資是否太多？

專家看到美國向外國借錢時驚慌不已，看到外國人買走美國資產時也同樣驚慌。這些資產包括洛克斐勒中心的RCA大樓，和加州的圓石灘高爾夫球場。你是否在想，把俯瞰太平洋的十八洞球場這種「國家寶藏」賣掉，一定很糟糕？不要那麼肯定。

首先，買下這些地標的日本買主都被騙了；「逢低買進、逢高賣出」這句話一定沒有被解釋清楚。在一九八〇年代房地產狂飆的高峰，日本銀行買下了許多加州的土地與建物。不久後，房市像壽司一樣疲軟，銀行的資產負債表開始出現壯烈的滿江紅。事實上，日本人碰過的每樣東西，似乎都化爲灰燼。從加州房地產到法國印象派畫作，只要這些資產在一九八〇年代後期一換手，行情立刻暴跌。

華府的憂心之士又召開聽證會，嚴詞譴責「出賣」美國的行爲。外國人買一點債券或幾張上市公司股票（間接投資）就已經夠糟了，讓他們買走大片土地、甚至整個房地產（直接投資）更是過分。有時候，評論家說得好像日本人眞的計畫拆掉洛克斐勒中心，將藝術裝潢用磚拆下後運回東京（諷刺的是，洛克斐勒眞的曾經買下一座法國僧院，將它運到紐約的哈得遜蓋修道院）。在新力買下哥倫比亞製片廠後，偏執的群眾以爲日本老闆會改寫《偷襲珍珠港》的劇本。

一九八八年時，民主黨總統競選人杜凱吉斯企圖利用這個問題爭取民心。他對聖路易的一群汽車廠工人說：「共和黨想讓我們的孩子爲外國老闆工作……但這不是班森（Lloyd Bentsen）、我、蓋哈特（Dick Gephardt）及你們想要的美國的未來。」話說完後沒有如雷的掌聲，聽眾都在底下竊笑。因爲他們的工廠早在十多年前就被義大利人買下來了。

舉一些事實或許可以讓這個情況更清楚。首先，日本人並不是美國資產的最大買主，英國人才是。英國人控制美國GDP的二%，日本人只控制一·五%，荷蘭人約一·二%。在一九八〇年代的購買狂潮中，日本人買下的美國公司不到一百家，遙遙落後英國、加拿大、德國與法國。

而且，美國自己也買了很多國外資產。英國人雖然握有美國GDP的二%，但美國控制了英國的七%，包括積架等英國名牌。美國也控制日本經濟的〇·七%，以及超過八%的荷蘭經濟。

外國直接投資只是悲觀主義者喜歡的一個話題。不論錢流向何處，他們都可以杜撰出令人沮喪的寓言：如果外國人買美國資產，他們擔心美國會「失去對自己命運及主權的掌控」；如果外國人不買美國資產，他們又憂慮美國不再是充滿投資希望的地方。

什麼因素會刺激外國投資？

外國人投資的理由與本國人相同：希望賺更多錢。外國人並不是笨蛋。百老匯作家魯尼恩改寫聖經中的文字說，比賽不是看誰比較快，戰爭不是看誰比較強——不過是一場人人想贏的賭局罷了。多數開發中國家必須哀求外國來投資，因爲他們無法證明有高報酬。在過去十幾年間，國際投資人看到美國經濟已經成功「瘦身」，但歐盟看來仍是渾身贅肉，無法戒掉補貼和保護主義的癮頭。所以當美國股市每年享受一五％的漲幅時，歐洲市場只能在這個水準以下沈淪。

此外，美國的政局一向穩定。即使在最慘烈的總統選戰中，當老布希稱呼柯林頓頭腦簡單、四肢發達，外交事務懂得比他的狗還少，投資人仍然相信美國政權的轉移不會傷害經濟。美國保證了穩定與機會。而瑞士看起來雖很穩定，但是它不具有巨額報酬賴以產生的活力和機會。瑞士哪裡找得到比爾蓋茲？

我常被客戶要求評估不同國家的政經情勢。如果迦納（Ghana）的反對黨奪得政權，金礦重新國營的機會有多大？波蘭是否會繼續民營化的腳步，還是前共黨會恢復過去的路線？但投資人對美國不會有這些疑問。

雖然美國的政局穩定，但政客總是威脅要改變稅制。這種情況就可能會影響外國投資。一九九三年九月，市場傳言美國國會可能對外國投資人持有的美國債券課稅，債券市場因而發生大幅震盪。我在G7集團辦公室的電話響個不停，因爲許多憂心的美國客戶準備拋售手中的美國債券。他們認爲，如果外國投資人爲了規避這項新稅制而出售美國債券，所有債券價格都會滑落。我告訴客戶，柯林頓政府會對抗任何可能傷害債市的謠言。然後我打電話到財政部，警告官員這個謠言形成很嚴重的問題。幾個小時之後，財政部（回應未請自來的建議）公開譴責這個說法，阻止了資金自市場竄逃。

外國投資好嗎？

通常是的。當然，有一些外國買主愛膨風，最後毀掉公司與自己。加拿大的甘寶（Robert Campeau）併吞一大堆美國零售服裝店，發行垃圾債券，然後眼睜睜看著自己的事業被丟到垃圾堆去。不過，基本上企業吸引外資以後，可以擴建廠房、購買新設備，讓勞工有更好的生產工具，生產力與薪資就能跟著提升。由於新設備通常在科技方面比老設備進步，所以美國境內的外國跨國企業平均花在每個工人身上的工資與設備，要多於美國業者。像阿拉巴馬州的居民，就希望早點開始在新的賓士車廠裡工作。

但是外國投資不只幫助工廠裡的勞工。當外資大量流進美國，全美的借貸成本（利率）就會滑落。市場流通的錢變多，每個借貸者都能受益。因此，即使是百分之百的美國公司，也會得到低利率的鼓勵。

那麼「國家安全」的問題呢？外國投資不是會削弱自衛的能力嗎？這是愛嚇人的專家最後的避難所。他們嚇人的伎倆如下：如果法國人買下美國所有的電動遊戲，當美國要與法國作戰時，美軍就沒有電動玩具可玩了。但事實上，美國有好幾種防衛措施。首先，政府在極爲緊急的情況下，可以接管外國的資產。其次，包括美國在內的大多數政府，都會限制特定領域的投資，例如核能。美國的外資審查委員會（ＣＦＩＵＳ）會調查外國投資申請案，而且可以建議總統阻止某些購併。但是當我在白宮服務時，大多數希望ＣＦＩＵＳ干預的要求，都來自害怕競爭的業者，而不是五角大廈。

美國境內外國投資的現狀如何？

外國投資的眞實故事是這樣的：美國終於變「正常」了。我的意思是說，美國正將自己整合進全球經濟，加入其他早已整合的工業國家之林。貿易與外國投資對歐洲國家一直極爲重要。如果法國企業在英國小鎭旁開一間工廠，英國居民的眼睛連眨都不眨一下。由於美國國內市場太大了，所以並不那麼需要其他國家。美國過去偶爾會願意在亞洲蓋座工廠，但美國人當然不希望日本人在自家附近晃來晃去，買下一些美國公司。

但是現在，曾限制資本流向高報酬的法令及心理障礙已經降低了。全世界的資本流動已更自由，而美國不僅能因投資與出口至國外而受惠，也能因爲吸引外資而得利。於是，美國的外國投資內容，現在看來已與世界各國相差無幾。

當然，即使一項外國投資計畫看來極爲誘人，你還是必須有能力支付。這讓我們接著討論貨幣與金融。

爲什麼世界上的貨幣不只一種？

某些美國觀光客到了異國，還嘗試以高分貝的英語和當地人溝通，卻因此覺得很沮喪。他們可能希望每個人都說英語、用美金。這樣不是可以讓國際貿易更容易嗎？也不用再排隊等候銀行行員爲你兌換外幣，還得扣掉一些手續費。

這個想法可能還不錯，只不過有以下三個問題。第一，大多數人喜歡本國的貨幣。紙鈔和銅板上的描繪，可以加強國家形象及標幟。英國人爲什麼要把伊莉沙白女王尊貴的下頷，用喬治・華盛頓扭曲的臉來取代？第二，本國貨幣可以讓各國管理自身的銀行體系（雖然它們無法不受到貿易夥伴的政策影響）。第三，大部分國家不願意將總體經濟政策的控權交給外國人。假設西班牙二〇%的失業率刺激政府調降利率，但是葡萄牙的高通貨膨脹率卻讓當局對寬鬆貨幣感到緊張。此時如果西班牙與葡萄牙使用同一種貨幣，它們就必須採用同一種因應政策。那就好像兩個症狀不同的病人，竟然同意服用相同的藥一樣（「什麼是歐洲貨幣制度？」一節會有深入討論）。

語源學家告訴我們現代貨幣的有趣語源故事。墨西哥披索、西班牙比塞塔（peseta）、英鎊與義大利里拉等許多貨幣名稱，都是來自表示「重量」的字。這是因爲古代商人會測量由貴金屬製成的硬幣重量，來決定其價値。法國、瑞士及比利時的法郎（franc），都是源於第三世紀征服這些地區的日耳曼民族法郎（Francs）所鑄造的硬幣。德國馬克（D-Mark）是根據錢幣上顯示貴金屬成分的標示而命名。中國與日本的貨幣單位「元」與「圓」，是產生自「圓」這個中國字。美元則來自波希米亞的猶亞琴斯塔（Joachimsthal）地區所發行的塔勒（thaler）硬幣。所以如果美國想要放棄美元，波希米亞反誹謗聯盟必然會起而抗議。

什麼是浮動匯率？

觀光客會發現，貨幣的價值幾乎每天在改變（事實上，貨幣的價值在一天之中會上下波動幾百萬次。「誰是貨幣投機客？」一節有進一步說明）。很多美國人都收過海外友人寄來的明信片，上面大嘆東西太貴，明信片本身也是。因爲美元在這些國家都恰好走軟，也就是「貶值」。

舉個例子來說明。假設有一個美國人到倫敦玩，飯店用一英鎊兌一・五美元的匯率換錢給他。他走到特拉法加廣場，跟前約克公爵夫人莎拉・佛姬合照，而一張照片的價格是一英鎊。如果美元貶值，飯店就要收兩美元才給他一英鎊。所以即使跟莎拉・佛姬合照的價格不變，美國觀光客還是得不情願地多付五十美分才能拿到照片。也就是說，當美元走軟時，美國人需要用更多美元去買相同數量的外國商品。

當然，美元也會升值。在一九八〇年代初，有許多美國觀光客湧到倫敦的商店，搶購英國的名牌外套和奢侈品。因爲當時美元兌英鎊的匯率走勢強勁，省下來的錢足以支付兩地往返的機票錢。從一九九二年九月到一九九三年九月，美元兌瑞典克朗的匯率躍升四五％，兌西班牙比塞塔升值四〇％，兌英鎊也升值了二〇％。突然之間，國外旅遊變得非常便宜，數百萬的美國人都利用這個大好時機出國觀光。巴黎因爲湧入了大批美國人，羅浮宮看起來就像是美國的菲林地下商場。不過，美元並非所向披靡。美元兌日幣就貶值了二〇％。在東京打開一輛計程車車門，就要花美國人六美元。難怪日本計程車駕駛個個戴著絲質白手套。

爲什麼貨幣的價值會改變？

因爲供給與需求。還會有什麼其他的理由？說得更精確一點，以下四種力量都會增加美元的需求，使美元升值：

一、貿易：假設日本人對可可泡芙穀片非常著迷。如果他們要從通用食品（General Mills）購買這包穀片，必須用日圓去換美元。如此一來，美元就會變得更值錢。

二、實質投資：假設日本人想在密西根州興建一座穀片工廠。他們需要更多美元才能購買土地和鋼鐵。

三、金融投資：假設日本人決定不建工廠，想要購買通用食品的股票，他們也必須用日圓去換美元。

四、貨幣投機：如果日本基金經理人認爲美元會因爲上述這些理由而升値，他們會在市場上賣日圓、買美元，然後因美元如預期般升値而從中獲利。

以上這些因素都會對外匯市場造成極大壓力。如果換個方向來看，你就可以瞭解爲什麼美國人會把美元拿去換取他國貨幣，造成美元貶値：第一，美國家庭向外國購買的商品，多於美國在外國市場銷售的商品。第二，美國人在外國興建工廠。第三，美國人購買外國股票或債券。第四，投機客猜測前面三項因素會實現。

通貨膨脹也是另一個強大的力量。畢竟誰會想要持有因高通膨而價値縮水的貨幣呢？你可以在美國政府公布令人沮喪的通膨報告後，在隔天的報紙上檢視美元的匯價。通常美元會以貶値來回應。

利率也會有影響。假設美國公債的利率比德國公債高，那麼國際投資人都會湧向美國公債。但是他們必須以美元購買，所以美元的匯價會被推升。這種狀況發生於一九八〇年代初期。當時美國聯邦赤字不斷增加，迫使美國政府增加借貸，發行更多公債，而貨幣政策也處於緊縮，使得美國利率與美元匯價節節上揚。

我們一直都採用浮動匯率嗎？

浮動匯率在一九七三年以後才開始實施。一九四六到一九七三年間，各國都根據「布列敦森林制度」（Bretton Woods system）致力維持固定的匯率水準。這個制度是確定於一九四四年在美國新罕布夏州布列敦森林鎮所舉行的國際會議。「固定」匯率有什麼不好呢？根據「布列敦森林協定」，各國央行都應該買賣該國貨幣以維持匯率不變。舉例來說，如果德國有貿易順差，德國馬克的匯價就可能上升，因爲百靈牌咖啡機的外國購買者需要馬克來付款。然而，德國聯邦銀行爲了不讓馬克升值，必須在匯市中賣出馬克並買進外國貨幣。

德國人並不喜歡這種遊戲，因爲從一九二〇年代開始，德國央行就擺脫不了噩夢：德國馬克不斷被拋售，讓一九二〇年代的超級通貨膨脹一直重演（央行官員在夢中會看到許多德國威瑪獵犬推著好幾車毫無價值的鈔票）。一九七〇到一九七一年間，德國對美貿易順差不斷增加，迫使聯邦銀行必須加印德國馬克。然而，老央行官員面臨一個難題：雖然增加德國馬克供給可以刺激德國經濟並鼓勵進口消費，但它也會造成物價上漲的壓力，帶來威瑪獵犬的恐怖回憶。德國聯邦銀行在一九七一年五月五日增加約十億美元的德國馬克後，終於決定喊停，任由馬克上漲。

雖然各國財金首長宣稱一九五〇與一九六〇年代採用的是「固定」匯率，但其實有太多不誠實的情況發生，所以應該被稱爲「可調整固定」匯率，表示匯率目標常常改變。一九七三年時，工業國家才願意比較誠實一點，決定允許匯率自由浮動。

不過，即使到了現在，許多央行還是會進場干預，有時還聯合推動匯率。以一九八五年爲例，美、日、英、德、法等國的財金首長於紐約廣場飯店集會，同意共同壓低美元匯價。因為他們認為美國的貿易逆差成長得太快了。一般而言，除非金融市場中的個人炒手共襄盛舉，否則這種聯合政府計畫將是一場混亂。就「廣場協定」（Plaza Accord）這個案例來說，美國利率當時本來就在下滑，即使沒有任何干預，美元上揚的力量也會被削弱。

各國央行總裁已經浪費大把銀子去對抗國際匯市動能。一九九三年八月間，法國央行花了三千億法郎（約五百五十億美元），企圖拉抬法郎兌德國馬克的匯價。這是一場尊嚴之戰，因為法國的政客和公僕都努力想把法郎培養得跟德國馬克一樣強，也就是所謂的「法郎要塞政策」（Franc Fort policy）。但法國的納稅人最後還是輸了，因為央行無法阻止衝擊法郎的力量。法國人只能吞下他們的尊嚴，忍受疲弱的法郎。

法國的例子顯示，歐洲已經將匯率干預變成一場巡迴演出，一齣悲喜劇。戲中的央行企圖對抗自然引導匯率走勢的經濟基本面，但總是會輸。

什麼是歐洲貨幣制度？

那是一團混亂。歐洲貨幣制度（EMS）是歐洲政府企圖維持匯率波動不超出狹幅「區間」的制度。歐盟希望EMS可以為一九九九年起實施的歐洲單一貨幣鋪路。但是歐盟的領導者就好像音樂劇《南太平洋》中的納莉一樣，是「愚蠢的樂觀者」。

EMS為什麼是一團糟呢？固定匯率，或將波動幅度限制在狹窄區間的協議，都只適用於經濟條件相同的國家。假設義大利與西班牙都採「釘住」對方的固定匯率制。如果兩國都遭遇經濟衰退與低通膨，它們可以刺激貨幣供給，如多印一些鈔票，使里拉與比塞塔兌換其他貨幣的匯價降低。這麼做不會有問題，因為里拉與比塞塔仍可維持兩者間的固定匯率。

但是，如果義大利和西班牙沒有相同的問題呢?刺激西班牙經濟會打壓比塞塔兌里拉的匯價。如果西班牙答應維持比塞塔與里拉間的固定匯率，那它不是要大買比塞塔，就是得調高利率，來扭轉刺激經濟政策的影響。所以，固定匯率或狹幅區間會讓各國失去解決內部經濟問題的彈性。

ＥＭＳ在一九九二年與一九九三年間崩潰，當時統一的德國面臨通貨膨脹，但鄰近各國遭遇嚴重的經濟衰退。為了對抗國內通膨，德國聯邦銀行調高利率，導致馬克一路升值。這項行動對德國的鄰居來說，不僅危險，也相當尷尬。為了不讓匯率掉出狹窄的二．五％區間，其他ＥＭＳ國家也被迫調高利率。問題是，它們的經濟其實需要降低利率。

投機客猜測政府不可能為了歐盟的和諧而繼續傷害自身經濟，到了一九九二年，義大利與英國果眞宣布棄守。由於德國拒絕大幅降低利率，法國到了一九九三年夏天也無法繼續維持法郎的匯價。因此，ＥＭＳ國家決定放棄狹窄區間來因應危機，改採更寬廣的一五％浮動區間。

幾乎每個人都為這次慘劇而責怪德國。法國人非常憤怒地抱怨，如果德國聯邦銀行不這麼自私，原來的ＥＭＳ區間就可以維持下去。我認為聯邦銀行的態度與火箭專家范布朗

（Wernher von Braun）一樣：「我只負責把飛彈發射出去，至於它會落在哪，就是別人的問題了。」聯邦銀行覺得自己的行爲對鄰國的衝擊並沒有責任。

眞正的教訓不是德國央行官員過於自我中心，而是匯率的聯合操控只有在經濟狀況容許時才能成功。

誰是貨幣投機客？

他們是金融唬人大師，隨時準備投入財產去賭某種貨幣會上漲或下跌。最成功的投機客是索羅斯（George Soros）與羅伯森（Julian Robertson）。他們兩人都操控規模達數十億美元的投資組合。索羅斯在倫敦是以「打敗英國央行的人」而聞名。他在一九九二年九月十六日黑色星期三，預測英國會放棄維持英鎊兌德國馬克的匯價。即使英國財長承諾絕不棄守，即使英國央行大幅調高利率、投入三百億美元進場護盤，索羅斯還是沒有改變英鎊貶值的看法。在同一段期間，瑞典爲了阻止投機客對克朗的空襲，將利率調高到五〇〇％！索羅斯則顯然在這場英鎊戰役中海撈了十億美元。

不見得每次投機都有亮麗的成績。索羅斯在一九九四年初承認，他因爲錯估美元兌日圓會升值，加上其他投資失利，使得手下的基金虧損約六億美元。

自從一九九二年離開白宮之後，我就一直在爲這類投資人提供諮詢。雖然有些專家指責他們，但是我相信他們扮演的角色相當有用，會讓政客與央行不得不老實。畢竟索羅斯是因爲英國政客企圖操控匯率，才有賺取數十億美元的機會。而英國政客把匯率拉抬過高，對孱弱的英國經濟來說，無疑是雪上加霜。

匯市炒手能夠叱吒風雲，憑藉的是勤奮的努力及扎實的分析。他們在下注之前，會努力找出關鍵問題的答案，例如，央行是否採取負責任的貨幣政策？政府是否允許社會支出超過納稅人的負擔？政客是否誠實說明國家償付債務的能力？如果這些問題的答案中有一個是否定的，那麼匯市炒手就會毫不猶豫拋空該國貨幣，直到領導者拿出誠實的答案爲止。

最後一點，匯率是國家信用與正直的象徵，也是償還債務的承諾。國際金融市場隨時準備揭發並懲罰騙人的政府。

什麼是資本逃竄？

有時候，政府領導者的施政非常差勁，把投資人和他們的錢都嚇跑。沒有人會想握有他們認爲價值會縮水的貨幣。一九七〇年代，墨西哥總統波帝洛（Jose Lopez Portillo）任內曾遭遇石油市場內爆、民營企業不振、外債高築及銀行國營等問題，即使是墨西哥人也不願將錢放在國內。大約有四百到五百億美元的墨西哥資本流出至外國銀行。我認識幾位有錢的墨西哥人，他們會定期飛過美墨邊境到休斯頓，將錢存入美國銀行。墨西哥在這樣的金融崩潰下，當然無法吸引什麼外資。

波帝洛的繼任者馬吉爾（Miguel de la Madrid Hurtado）與卡洛斯（Carlos Salinas de Gartori），因爲促進企業民營化、調降關稅、加入GATT及出售墨國企業股份給外國人，解決了墨國的危機。最重要的是，他們宣布取消一九八二年錯誤的銀行國營政策。結果資金重新流回墨西哥，經濟開始復甦。

資本逃竄（capital flight）只有一個解決之道：地位不穩的政府必須採用合理政策來重建人民信心。通過法令來防止人民提取存款，只會使信心危機更加惡化，也會使已經逃離的資金不敢回流。德國人民在一九三一年的威瑪危機（Weimar crisis）時，即使面對死亡威脅，還是偷偷將存款運過邊界。如果你沒辦法要求最守法的德國人遵從指示，更別想其他國家的人民會聽話。

隨著市場的流通性愈高，全球化愈深，領導者必須謹慎行事以免趕走投資人。而現代資金的傳遞也已走向電子化，使領導者無法像過去一樣，以存款做爲威脅的工具。這是個健康的轉變，可以約束政客不致過於魯莽。

什麼是避險貨幣？

我看過一個汽車保險桿貼紙寫著：「當世事無情，無情會四處搜捕獵物。」當外匯市場無情波動時，投資人會避難到安全的地方。而美國政府看起來非常穩定，不受外來侵略的威脅，所以緊張的投資人在聽到戰鼓咚咚時，通常會逃向美金。葉爾欽在一九九三年九月宣布解散俄羅斯國會，內戰似乎一觸即發，投資人馬上賣掉德國馬克來買美金。理由何在？因爲德國的地理位置很容易受到俄國血戰的衝擊，美國則處於安全的遠方。即使日本也似乎比美國更可能受到俄國動亂的影響，使美元兌日圓跟著升值。

當然，如果美國遭遇嚴重的國內動亂，例如總統遇刺，在投資人還沒搞清楚美國政治情勢有何危險之前，即使是美元也可能在匯市中被流彈擊落。

外匯市場的反覆無常讓許多投資人感到緊張（出口商就必須擔心匯率波動會嚴重侵蝕海外獲利）。爲了穩定這種情況，過氣的金本位制度又被經濟學家挖出來把玩。

什麼是金本位制度？

有一些專家宣稱，這是對付通膨的神奇子彈。我有幾位朋友總是狂熱地談論黃金，眼神趨於呆滯，讓我不禁懷疑在他們的潛意識深處，是否藏著什麼古老的圖騰。我覺得自己好像是摩西，看著那頭金牛，不明白以色列人爲什麼膜拜那種卑賤之物。

首先回顧歷史。金本位制度最早出現於十八世紀的英國；那是牛頓當造幣廠廠長時高估銀之後的事。簡而言之，金本位制度就是央行有義務用固定的價格將貨幣兌換成黃金。這個制度可以防止貨幣搞出騙人的把戲，也就是通貨膨脹。

美國其實在一八三〇年代就開始使用金本位制度，但直到一九〇〇年才正式採用。華府的觀光客可以走進位於十五街的財政部，用他們的美鈔去兌換黃金。每張美鈔都印著以下的承諾：「美國保證見票即付持票人一美元等值黃金。」

（美國在一九三〇年代取消這項承諾，並印上另一條：「見票即付持票人有效法幣一美元。」有一個調皮的克里夫蘭居民決定要測試政府，寄了一張十美元鈔票到財政部，要求換成「法幣」。聰明的財政部官員寄了兩張五美元鈔票給他！）

央行保證用固定價格來兌換黃金，基本上就是承諾不再印製或鑄造更多貨幣（因為更多貨幣會推升黃金的價格）。在貨幣供給固定之下，通貨膨脹就不會被點燃。

金本位制度起初運作還不錯。一八八〇到一九一四年間，各國的匯率也採用傳統的金本位制度，來抵銷貿易順差或逆差。例如，如果英國對美國有貿易逆差，那麼美國外銷而累積的額外英鎊，會被換成英國的黃金。於是英國就可以運送黃金給美國來清償貿易逆差。這個貿易失衡問題是如此解決的：美國得到更多黃金之後可以印製更多錢，物價因而上揚，使英國對美國出口品的需求降低。而英國因爲黃金與貨幣供給變少，整體商品需求也跟著下降，物價因此滑落，但對美國的出口條件卻隨之好轉。結果金本位制度快速控制了物價，也緩和了貿易失衡的問題。

但還是會有幾個問題。第一，法國和比利時等國家不一定都按照遊戲規則。它們有時會拒絕在黃金流入或流出時，調整國內的貨幣供給。黃金的確有一種魅力，所以似乎有很多人和機構不願意放棄它。第二，黃金是存於礦脈之中，我們不知道這些礦脈在哪裡或何時會被開採出來。爲什麼要讓全世界的貨幣制度受制於這種不可預測的礦業？一八四九年的加州採金熱就使美國貨幣供給大增，國內支出提高，並擴大了貿易逆差。而這都是採礦者造成的結果。在南非取消種族隔離制度或蘇聯解體之前，全球的黃金供給都操控在這兩個最落後的國家手中。第三，研究顯示，雖然金價在一八八〇至一九一四年間沒有多大變化，但是短期的波動已令金融體系出現混亂及不安。

這些懷疑論調並不意味金價是沒有用的資訊。當投資人擔心通膨時，他們通常會購買黃金。葛林斯班就說，他會觀察黃金來判斷利率是否過高或過低。不過，歷史的教訓告訴我們，只要觀察就好了，不必過於認眞。

總之，短視的金本位制度只會讓我們更容易受到市場波動的傷害。如果前述的危險都不足以令人信服，那就去看看〇〇七電影《金手指》吧！假使史恩康納萊沒有阻止歹徒占領諾克斯堡（Fort Knox），讓美國的黃金倉庫被掏空，美國人將會陷入大蕭條。

雖然我提供企業與美國國內金融諮詢，但我發現，國際金融及匯率才是最挑戰智力的一項工作。負責這項工作的人，必須同時衡量利率政策、通膨問題、政治變化，以及投機客與央行的決心。投機客對央行官員構成巨大的挑戰，讓政策不改善就得受懲罰，直到厭惡風險的投資人都能接受。經濟學教我們，不論透過嚴格的金本位制度或固定匯率制度，沒有什麼簡易的方法可以消除不確定。就算我們可以採取某些步驟來避險，也必須接受這個事實。

第四部

搶錢大進擊

7 拒絕破產的企業

- 獨資、合夥與公司有何不同？
- 公司所有者的償債責任爲何？
- 公開公司與私人公司有何不同？
- 企業如何融資？
- 什麼是股東權益？
- 什麼是公司債？
- 誰來判定債券的風險？
- 什麼是資產擔保證券？
- 企業透過債券或股票融資有什麼差別？
- 投資人的操作績效可以打敗股市大盤嗎？
- 效率市場假說有例外嗎？

政治生涯幾乎都在與社會主義者辯論的邱吉爾，實在搞不懂對手的信條，尤其是「賺錢是罪惡」。他嘲諷道：「我以爲眞正的罪惡是賠錢。」如果賠錢眞是社會主義者認爲的美德，那資本主義社會裡就有許多聖人了。

傑出的經濟學家大多不是天生的投資者。只有李嘉圖與凱因斯兩個人的表現比較出色。可憐的馬爾薩斯還得向他的對手李嘉圖討教。據李嘉圖指出，馬爾薩斯在眞正開始賺錢以前，通常就膽怯地退場。

多數經濟學教科書都省略投資與金融市場的主題。理由有兩個：第一，教授都很清楚自己的弱點在哪裡；第二，經濟學者研究（例如股市）愈深入，愈不相信有人（包括他們自己）能夠擊敗市場。但是這些最瞭解市場的人竟然作壁上觀，有這種道理嗎？那就好像賽車好手李查・佩提開著一輛四汽缸的雪佛蘭，在慢車道中牛步前進，還閃著故障燈。這種怪異的行爲是本章最後會討論的主題。但在我們開始複雜而令人喪氣的議題（例如在股市中賺錢）之前，必須先瞭解企業是如何設立和找到資金。在下一章裡，我們則會檢視個人投資，瞭解經濟原理如何幫助個人選取股票及債券的投資組合。

獨資、合夥與公司有何不同？

大部分企業開始成立時都是「獨資」（proprietorship）；這裡強調的是「開始」。許多企業老闆的夢想是拉拔自己的企業成爲股票公開發行公司，然後躍登《富比士》雜誌封面。美國就有許多人因四處兜售蘋果而發跡，致富後都不需要自己上街購物。

我們可以看看卡維爾（Tom Carvel）的例子，他是擁有七百五十家連鎖店的卡維爾冰淇淋創始人。卡維爾不但發明了製造冰淇淋的新方法，還開啓風潮，出任自己公司的廣播與電視廣告代言人。根據《糟口味百科全書》作者的說法，卡維爾可怕的發音和沙啞的聲調，令手下許多分店的老闆都有共同的反應：「把那頭老山羊搞出播音室去！」儘管如此，冰淇淋消費者卻喜歡這種樸實的宣傳手法。

一九三四年時，卡維爾向人借了十五美元，買了一些冰淇淋就開始在小貨車後面販賣。他第一家店址的決定方式很奇特：他的小貨車在一處空地附近爆胎，機智的卡維爾就停下車，把冰箱插頭插在附近一家陶器店裡，開始賣起冰淇淋。

卡維爾在事業生涯中不斷展現他的機智。他非常擅長利用資源。在他開發出漂亮的「鯨魚福吉」軟糖冰淇淋蛋糕模子之後，他發現把同一個模子轉到側面，就可以用來做聖誕老公公蛋糕——因爲福吉的鰭看起來像是聖誕老公公的帽子——或是聖派屈克節的綠色小精靈。

卡車拋錨而向別人借電的卡維爾，正是典型的獨資經營者。他要扛起自己的負債，但也獨享所有的利潤。從法律的角度來看，他要爲自己造成的所有損壞負責。如果他爆掉的車胎飛出去打到雞肉專家佩篤（Frank Purdue，譯註：冷凍包裝雞肉業者）的雞嘴，卡維爾必須自己負責。

假設陶器店的老闆決定加入卡維爾的事業。他們可以握握手，組成「合夥」（partnership）。身爲合夥人，他們可以分享獲利、承擔虧損與法律義務。如果卡維爾的輪胎眞的打到佩篤的雞嘴，卡維爾的合夥人也必須承擔相同的賠償責任。同樣地，如果卡維爾死亡或破產，這位陶器店的合夥人就必須一肩扛下所有債務。既然合夥人是共同出資，他們就應該彼此信任。絕大部分的法律事務所或診所都是合夥事業。所以，如果診所中有一位整形醫師做壞一個鼻子，其他合夥人的鼻子都可能不保，因爲只要隆鼻失敗的客戶告到法院，合夥人的資產可能都得賠掉。

合夥協定讓許多生意人感到緊張——畢竟沒有人希望只因爲某個年輕人凸出的鼻子，而在法院官司中輸掉自己的房子。再說，合夥企業是非常特殊的組織。如果另外有人加入，某位合夥人死亡或希望退出，都必須組成新的合夥企業。而且大家都知道，合夥關係充滿了爭執。我曾在一家合夥企業工作，該企業的管理會議實在令人厭煩，行政主管必須賄賂合夥人來開會。有一次，他們在每個座位上都放了一張五十元美鈔。

有一個老故事在講合夥道德：商店老闆發現，有一位客人無意間在收銀機附近掉了二十元美鈔後離去。這位老闆向員工解釋自己的困境：「現在的道德問題是，我應不應該告訴我的合夥人？」

建立事業的另一種方式是成立「公司」（corporation），這可以提供老闆兩個重要優勢：他們可以限制因虧損或訴訟而產生的責任，也可以比較容易籌募到建立事業所需的資金。合夥或獨資一般須仰賴自有資金，或是從朋友或銀行借錢；但公司可以出售股份，取得更寬廣的資金來源。

公司所有者的償債責任爲何？

公司是法律上的有機體。它是一個不與所有者共存亡的法律實體。它誕生、成長，可以被收養（購併）、結婚（合併），也會死亡（破產）。它比人類更好的是，它可以復活（自破產中重整）。布蘭尼夫（Braniff）航空公司就曾經三度復活，讓旅客永遠無法擺脫行李遺失的噩夢。

公司擁有自己的生命，也擁有自己的資產與負債。股東（也就是公司的所有者）的責任只限於投資該公司的金額，基本上就是他們持有的股份。合夥人必須承擔企業所有的債務與未付帳單，而股東不需要在公司倒閉時賠上個人資產，所以公司制度可以鼓勵人們投資。

世界各國都會限制投資人的償債責任，並用特定的縮寫或名稱予以標明。在英國與加拿大，公司名字後方可能會加上「Ltd.」，意思是「有限」；或是加「PLC」，代表「公開有限公司」。在法語與西班牙語系國家，公司名稱後方會加上縮寫字母「SA」，意思是「不具名團體」，也就是說，股東不會因爲個人責任而被追捕。

公開公司與私人公司有何不同？

很早以前，當美國人在做企業夢時，如亨利．福特，都是從獨資開始，然後成長爲合夥企業，最後申請成立公司，向一般大眾發行股票。股票於交易所中開始流通，稱爲「首次公開發行」（IPO），那是一個企業家成功的象徵，而且往往帶來財富。一九九三年十一月，一家名叫波士頓雞品（Boston Chicken）的公司完成了IPO。在一天之內，這家新上市公司的股票價格就由開盤時的二十美元，大幅跳升至收盤時的四十八美元。

波士頓雞品的所有者藉由在公開市場發行股票，「將公司曝光在大眾前」。所以「公開公司」與「私人公司」的最大差別在於，公開公司的股權是由大眾持有，而私人公司的股權集中於少數股東。一般來說，私人公司的所有者會積極參與公司營運，而且彼此協議不將自己的股份轉讓給任何人。家庭事業通常是私人公司，他們希望避免外人干涉公司決策——有一個繼承部分股權的囉嗦姨婆，就已經夠頭疼了。

雖然「公開上市」在以前似乎是企業成功的巔峰，但上市帶來的虛榮已經逐漸消失。有許多大型公司已經拒絕公開發售股票。我們可以比較波士頓雞品與糖果業者瑪氏（Mars）。瑪氏家族蟄居於維吉尼亞州，坐擁大筆財富，全力護衛該公司每一盎司巧克力的控制權。瑪氏先生不需要參加公開會議，跟憤怒的股東爲了M&M巧克力的杏仁太少而爭執不休。相反地，上市公司波士頓雞品的大股東，便必須面對小股東抱怨雞腿肉太鬆或雞翅肉太少。

如果這麼麻煩，爲什麼要公開上市呢？這個問題的答案讓我想到一個雜耍秀裡的笑話。有個人去看心理醫生，因爲他弟弟以爲自己是隻雞。心理醫師建議：「告訴他，他不是雞。」那個人回答：「不行啊！我們需要雞蛋。」私人公司常會需要在股票市場中籌資。當企業從華爾街募到資金後，可以用這筆錢去擴建工廠、設立海外分公司，或聘請更多員工。

有時候，公開公司會完全改變組織爲「私有化」。在一九八〇年代，整個華爾街都響著「融資買下」（leveraged buyout）和「管理買下」（management buyout）的名詞。這些名詞是指公開公司的股權被某個小集團買下來。納貝斯克食品公司、金頂電池及一路省超市，就從公開上市公司轉爲資本私有化的企業。有些公司經過幾年私有化經營後，所有者會再度公開上市。在私有化期間，公司所有者會致力削減過高的成本並進行改革，再度上市時才能得到股民的歡迎。

企業如何融資？

卡維爾創業時只有十五美元和一輛小貨車。就算在一九三〇年代，十五美元一定也很快就花光。企業要怎麼樣才能買得起新的卡車、新的冰淇淋櫃，還有讓高中汽水族覺得很俗氣的新制服呢？前面曾提到，很多新企業會找合夥人來分擔成本，並共享可能的利潤。但即使創業者找到企業哲學相近的合夥人，購買新設備的成本可能還是大於他們的財力。富有的商業鉅子也不是只靠自己的財產來資助企業。

以下是企業家最普遍的籌資方式：

一、內部資金：賺錢的公司可以利用盈餘再投資。

二、銀行信用額度：企業可以跟銀行簽訂契約，約定貸款上限，且僅需支付利息，借貸的方式則是開支票。企業通常利用信用額度來支付日常開銷，而不是用來融通新的投資計畫。

三、創投基金：創投基金是匯集投資資金，投注於可能迅速成長的公司。投資人都瞭解風險很高，多數新公司的壽命跟太陽下的冰塊一樣短。但他們還是認爲自己有機會搭上一班特快車，可以得到比市場平均高出好幾倍的投資報酬。很多人大概都曾嫉妒地聽父執輩吹噓股票經，說當年他們買微軟或蘋果電腦的股票時，那些公司的創辦人都還在車庫裡敲敲打打。創投基金在提供資金的同時，也買下了企業的部分股權。過去的創投家總是讓人聯想到愛吹牛的富翁，但已有愈來愈多的創投基金是來自退休基金與保險公司。即使是小額投資人也可以投資在華爾街交易的創投基金。

四、私下募集：雖然銀行借很多錢給企業，但銀行並不是唯一的借貸來源。保險公司或退休基金之類的機構投資者，現在也有數十億美元的資金規模。基金管理人時常在尋找高報酬的投資標的；他們有時投資的是股票，有時是房地產，有時甚至是豬腩等大宗物資。爲了怕企業破產，投資人對該企業的設備或不動產擁有留置權，可以扣押這些資產。在投資人把錢交出去之前，這項留置權可以把借款企業的雙手綁住，讓它們無法借更多錢，或破壞本身的財務狀況。私募資金可以償付舊債，也可用來購置新廠。好幾年前，我曾負責一個私下募集的案子，資助香腸業者興建包裝廠。這項交易讓業者不必用較高的利率向銀行借錢。

五、公開發行債券：本章稍後還有更深入的解說，不過簡而言之，債券就是一種支付特定利率的借據。它與股票一樣，每天都在紐約與其他金融中心交易。

六、公開發行股票：如果某公司要公開發行股票，它必須透過證券管理委員會向大眾公布所有財務及業務的詳細資訊。由於符合這個聯邦規定需要付出極高的成本，除非想要募集上千萬資金，否則沒有經驗的公司（還未上市的公司）一般不會輕言嘗試。如果公司還是決定要公開發行股票，好戲就上場了；因爲沒有人知道市場會不會接受，並用該公司所有者希望的價位去購買。它們最後可能像波士頓雞品一樣非常成功，也可能像唐娜凱倫（Donna Karan）女裝一樣悽慘。唐娜凱倫原本預定在一九九三年十一月公開發行股票，但發現華爾街人士已經準備嘲笑該公司的承銷價，所以在上市前幾天臨時決定取消。

什麼是股東權益？

雖然我們已經討論過發行股票，但還沒有解釋購買股票的人在交易中得到什麼。「擁有」一家公司是什麼意思？「擁有一塊石頭」（譯註：保德信保險公司的廣告，意指該公司如磐石般穩固）是否表示你可以走進保德信總部，拿走一支釘書機，甚至給自己搞張保單？當然不是。「股東權益」是商業學校用來代替「所有權」的術語。但是股東權益分好幾種。你可能聽過普通股，但你聽過優先股或可轉換股嗎？

爲什麼股東權益分那麼多種？因爲每一種代表不同程度的所有權。雖然持有某家公司的股票表示你有權分享利潤，但你可能不是第一個領錢的人。根據一般順序，債權人（銀行與私下募集的貸方）可以優先領到錢。事實上，大多數私下募集協議會禁止公司分紅給股東，除非已經付清貸款。

在普通股股東分到任何一塊錢以前，優先股股東必須先得到他們那一份。優先股股東通常可以獲取固定的回報，跟債券幾乎一樣。而普通股股東在優先股股東得到固定回報之前，拿不到他們應得的利潤（股利）。如果利潤不夠分，普通股股東只有空手而回。甚至如果公司宣告破產，決定「結束營業大拍賣」來將庫存變現，優先股股東還是可以先搶到錢。而普通股股東只能站在隊伍中苦苦等待，希望能拿回少許來彌補手中不值錢的股票。

說到這裡，普通股似乎沒什麼好處。每個人好像都可以排在你前面，而你還得承擔拿到壁紙的風險，因爲你的股票可能會像梵蒂岡的保險套商店一樣毫無價值。那普通股是專門賣給笨蛋的囉？不是，除非你認爲投資大師華倫・巴菲特是個笨蛋。雖然普通股股東冒的風險大於優先股股東或債權人，但他們也有機會獲得更大報酬。市場會補償承擔風險的股東。

當公司大豐收時，普通股股東通常可以分到極豐厚的利潤，而優先股股東一般只能拿走該拿的部分：可能是股利，也可能是較高的股價。一八〇二年投資一美元在一般的普通股上，經過通貨膨脹調整後的現值已經達到十萬美元了。但如果投資的是債券或優先股，今天的價值還不到一千美元。

普通股股東還有投票權的優勢：他們可以選擇公司的總裁。有時也可以得到額外的紅利，比如說，迪士尼會給股東遊玩的折扣。

希望同時擁有普通股與優先股優點的投資人，可以選擇「可轉換優先股」。持有可轉換優先股的人，可以用特定價格將它換成普通股。基本上，就是投資人把優先股撕掉，然後換取普通股。

什麼是公司債？

你買了一家公司的股票，就等於自願搭上充滿刺激與享受的雲霄飛車。當然，如果雲霄飛車太過顛簸，你可以下車，但你可能會因爲放棄股票而損失不貲。不是每個人都可以忍受這樣的創傷，儘管研究顯示，股票投資的「長期」表現優於其他投資。公司可以發行債券來籌資，即使是痛恨風險的投資人也願意掏錢。事實上，債券占一般投資人的投資組合的比例高於股票。

債券是承諾在未來某個時點支付特定金額。這是債券常被稱爲「固定收益證券」的理由。債券（bond）的字根與約束（bind）相同，因爲公司約束自己要付款。債券持有者在約定日期會收到公司償還當初的借款（也就是本金），還有酬謝的利息。

這聽起來似乎過於簡單，但有一點常把人搞混：雖然債券會在特定日期支付固定金額（息票面額〔coupon payment〕），但債券價格每天都會波動。你可能會說：「嘿！這不是固定收益資產嗎？既然是固定收益，又怎麼會每天波動呢？」讓我慢慢道來。

首先，雖然債券的償還時程是固定的——假設一千美元的債券每年支付投資人一百美元的利息，共付十年——但不同的債券可能有不同的報酬。要判斷某個債券的價值，你必須將它與市場中的其他債券加以比較。假設其他面額一千美元債券的每年利息是兩百美元，那麼利息一百美元的債券就吸引不到人了。重點在於，如果市場利率揚升，債券價格就會滑落；如果利率下降，債券價格就會上漲。

債券價格是怎麼樣上漲或下跌呢？買賣債券的人不會願意用票面價格去購買利率很低的債券。他們會把價格壓低到具有競爭性的水準。假設某公司發售一千美元債券後，利率立刻從原來的一〇%加倍至二〇%。由於這張債券每年只有一百美元利息，而其他債券卻有兩百美元利息，所以投資者只願意付五百美元去買。如此一來，就等於將債券報酬率（即殖利率）由原來的一〇%推升到有市場競爭力的二〇%。債券持有人每年還是得到固定的一百美元，但付出的成本只有五百美元。

其次，債券雖然有固定收益，但它的價格在通貨膨脹時會滑落。如果未來的報酬會減少，債券現在也會比較不值錢。於是債券投資人會要求較高的利率來預防通貨膨脹。每當政府發布特別糟糕的通膨數據，債券市場就會下跌。同樣地，如果公布的數據很理想，債市通常會上漲。某些國家如以色列，會利用通膨將債券「指數化」，讓息票面額與物價等幅變動。因此，政府可以避免債市在每次通膨報告出爐時出現劇烈波動。

第三，債券持有者必然擔心公司是否會還錢。他們最怕的字眼是「不履行債務」（default）。顯然地，有些公司的競爭環境比其他行業有更高風險，而有些公司根本沒有競爭力——它們可能還沒準備好銷售商品，但發行債券可以籌到起步的資金。而高風險公司債的報酬會高於穩健公司的債券。

誰來判定債券的風險？

在購買某家公司的債券以前，你可能先看過所有的財務報表，評估獲利、市占率、勞動成本、訴訟情況，還有該公司積欠的債務嗎？可能不行。還好有穆迪（Moody's）和標準普爾（Standard & Poor's）等獨立評等公司，它們會檢查債券發行公司並做出判斷。它們就像嚴格的老師，會爲這些公司打分數：從ＡＡＡ（表示你可以高枕無憂）到ＤＤＤ（表示你最好儘快逃命！）。「垃圾債券」，也就是債券推銷員所稱的「高收益債券」，標準普爾給的分數是Ｂａ３或更低。雖然以垃圾爲名實在不雅，但是美國公司債有九五％屬於此類。如果公司業務的風險性下降，它的債券評等就可以升級，債券價格也會水漲船高。

當借款者開始無法支付利息時，評等公司會立刻賞它一個Ｃ或更低。破產公司就會得到一個Ｄ。當然，每家公司都很怕自己的債券被降等，希望達到升等的條件。由於高風險公司必須用高利率去借錢，所以評等制度中的每一個字母，都可能花掉它們數百萬美元。公司就像擔心拿到爛成績的學生一樣，它們會與評等公司的稽核人員會面，奮力辯稱償還負債不成問題。好幾年以前，賭場大亨川普差點因爲債券被評等公司降等而失去他的王國。緊張的債權人威脅要把川普放在泰姬瑪哈陵賭場入口的石獅子搬走。川普的財務狀況後來好轉，債券得以升級，他也得以保留那些俗氣的石獅子。到了今天，印度觀光客還是會到這個賭場，站在泰姬瑪哈陵前拍照留念呢。

這種評等的過程當然並不完美。稽核人員有時會忽略就在投資人眼前爆發的潛在問題。最有名的例子，或許應該是債券評等Ａ級的華盛頓公共電力供應系統（ＷＰＰＳＳ）。該公司在一九八三年無法履行的債務超過二十億美元，而那是用來興建核能電廠的借款。雖然債券出問題總比核能廠爆炸要好，但是債券持有人還是遭到嚴重灼傷。華爾街戲稱這個債券爲「糟糕」（ＷＨＯＯＰＳ）債券，這幾個英文字看起來與這家公司的頭字母差不多。

有時候，債券評等公司的動作會「慢半拍」：它們會在全球投資人都已經判斷某公司的債信上升或下降後，才調整評等。所以，如果某公司的債券價格已經開始滑落，而穆迪或標準普爾仍給它很高的評等，投資人應該要感到懷疑。記住，當發行公司債務惡化時，評等公司並不會賠錢。緊抓著精美報告不放的呆瓜才會遭到重擊。

什麼是資產擔保證券？

一九八〇年代出現了無數的發明，包括低科技產品，如廚房用的沙拉攪拌器，和高科技產品，如桌上型電腦，功能相同於十幾年前大如活動房屋的電腦。華爾街也發明自己的新產品，其中之一是「資產擔保證券」（Asset-Backed Security），它允許公司用他人（或公司）的借款為擔保來發行債券。

用實例來說明會更清楚。以西爾斯百貨（Sears）為例，它讓消費者購物時可以用「西爾斯發現卡」來賒帳。西爾斯相信這些消費者會還錢。根據零售業及放款的長年經驗，西爾斯很清楚什麼時候會收到錢，所以它可以發行債券，用客戶的還款來繳利息。西爾斯近年來發售的資產擔保證券已達數十億美元。這裡的資產是指什麼呢？就是消費者欠西爾斯的錢。

華爾街一設計出這種證券，業者就有無限的想像空間：如果信用卡應收帳款可以用來擔保證券，汽車或船的貸款為什麼不行？通用汽車承兌公司（GMAC）就把數十億美元的汽車貸款「證券化」。而市場認為這類證券相當安全。我們怎麼知道市場這麼認為呢？因為信用卡擔保或汽車貸款擔保債券的殖利率，只比最安全的美國國庫券利率高半個到一個百分點。於是，西爾斯與GMAC將信用卡貸款與汽車貸款包裝成證券的方式，讓它們可以用很低的成本為新投資計畫籌資。

企業透過債券或股票融資有什麼差別？

大哉問！這個問題是研究所金融課程中最難搞的，我們可以用好幾百頁篇幅來討論。自從諾貝爾經濟學獎得主莫迪里昂尼（Franco Modigliani）與米勒（Merton Miller）於一九五八年發表一篇重大論文之後，財務經濟學者已經為這個問題爭吵幾十年。但是我們長話短說。也被稱為M&M的莫迪里昂尼與米勒證明，不論一家公司的主要融資方式是發行股票或舉債，公司價值都不會改變。換言之，「一隻牛牽到北京還是牛」！

在M&M那篇出色的論文發表之前，許多教科書都認定公司可以舉債來提高本身的價值，因為借款金額愈高，公司所有者便不用投入更多自有資金，而掌控更大的潛在獲利。但是M&M指出，如果公司開始大量借貸，風險就會增加，貸款利率因而提高。高利率又會抵銷槓桿（借貸）的效益。結論是：公司的價值是取決於生產力與現金流量。錢是怎麼來的並不重要。

所以，為什麼要爭論不休呢？為什麼公司要思考融資方式是否正確？這是因為M&M在他們的原始理論中疏忽了幾項現實。最重要的是，他們忽略了美國政府。這是一個嚴重的錯誤。美國政府讓公司可以用利息支出來扣抵稅額，這項措施比較有利於企業用債券籌資。另一方面，美國政府規定個人債券持有者須繳利息所得稅，卻不要求股票投資者在股價上漲時繳稅（只要在賣掉漲價的股票時繳資本利得稅）。這又有利於企業用股票籌資。

在考慮所有因素之後，我們可以說，一家公司是利用債券或股票來籌資，的確有差別。但是，我們不能不搞清楚公司狀況，即獲利、風險、股東與債券持有者的稅務狀況，就判定哪種方式比較好。環顧企業界，你會發現凡是穩定、低風險的產業，如公共事業，通常比較依賴債券；而科技產業等高成長的年輕新貴，則多發售股票來籌募資金。這是因爲公共事業免受競爭威脅，享有相當穩定的盈餘，不愁支付利息給債券持有人；而新興高科技公司只能出售未來獲利的美夢。

我們已經瞭解一家公司如何籌措資金，現在我們可以來看看個人投資者，討論他爲什麼會願意購買某家公司的股票。

投資人的操作績效可以打敗股市大盤嗎？

當然，偶爾可以。但是投資人可以持續打敗股市大盤嗎？這就是古老的「效率市場假說」（efficient market hypothesis，ＥＭＨ）所討論的主題。研究所的財務金融課程中，除了花在Ｍ＆Ｍ的時間以外，大多在研究ＥＭＨ。簡而言之，ＥＭＨ是指股市的變化實在太過迅速，所有公開資訊會立刻反映在股價上。所以，無知的人、甚至一隻猩猩的選股表現，可以跟一個用功的專家一樣好。猩猩不用去研究某家公司的前景，因爲如果大眾預期有銷售旺季或其他利多，股價早就被推升上去了。如果你在今天的報紙上看到一則波士頓雞品的報導，指出該公司發展出一種去除雞嘴的新方法，可以藉此省下數百萬美元的屠宰費用，你可以不用理會。因爲太遲了，股價早在你看到新聞之前就已經上漲。

即使獲利的情況要幾個月以後才會出現，你可能還是會太遲。假設你在新年舞會中，很聰明地告訴一位朋友，上百萬大學生會在春假湧入佛羅里達的達通海灘。你接著描述某家當地的連鎖飯店，每個房間都會擠進八個兄弟會的男生或姊妹會的女生。這是值得你朋友趕快跑到電話旁，把他的股票經紀人吵醒的內線嗎？不管怎麼說，他現在可是在這些大學生湧入海灘的前三個月，就進場去買那家飯店的股票喔！

完全錯誤。股價早就已經反映大學生湧入海灘時會增加的獲利了。連佛羅里達猴子叢林主題樂園裡的動物都知道，春假是達通飯店的旺季。股價反映的是預期獲利和股利，不只是今天的財務數字。

如果ＥＭＨ是對的，那麼就算你謹愼研究各家上市公司，仔細研讀財務報告，或繪出過去股價的波動趨勢，你的投資績效也不會優於大盤的平均報酬率。因爲市場早已有效率地估計未來的回報。根據ＥＭＨ，市場上沒有「高估」或「低估」的股票，除非幾乎每個人都誤解該公司的狀況，或是有尚未揭露的重大資訊。如果股票經紀人告訴你，他發現一家「被低估」的上市公司，你應該問他是不是知道全世界還不知道的資訊。因此，根據EMH，市場價格是絕對可靠的，除非新資訊的出現足以調整股價。

你可以聽股票經紀人的建議，也可以把他當飛鏢射向圓靶來選擇個股——這個方法比較省錢。事實上，《華爾街日報》從一九九〇年以來一直在進行一項EMH的試驗。該報擲飛鏢來選擇紐約證交所上市公司，將這個「飛鏢投資組合」拿來跟專業選股專家的投資績效做比較。這個測試可能會令高所得的專家非常尷尬，因爲結果顯示，這些專家其實可以被猩猩或飛鏢所取代。表面上看來，那些專家的表現還不錯，截至一九九三年十一月爲止的四十一場比賽中，他們贏了二十四場（當然，如果你扣掉顧問費用後，報酬就難看多了）。但是再仔細觀察專家的績效，其實有兩個問題。第一，專家選的個股的風險性和波動幅度都比飛鏢股大。雖然市場會以高報酬來補償高風險，但專家的選擇優勢是許多投資人不會想要的。畢竟波動性是表示股價會大漲大跌。

第二，專家有「宣傳效果」的強大優勢。專家會公開在報紙或雜誌中極力推薦他們心目中的明牌，使股價因而上漲。同樣地，CNN「錢線」等電視節目推薦的股票，股價也會受到激勵。用飛鏢或猩猩來選股，就不會有像電視觀眾一樣的追隨者。

EMH已有許多學術性的探討，但是股票經紀人與宣傳人員仍然在誇耀自己的預測有多準確。週日的報紙充滿了自詡天才及選股大師的廣告。有些廣告看來像古早的新聞稿，宣稱自己可以用魔杖來找出地下水。只不過，今天的魔杖成了個人電腦，以及沒有人可以搞懂的神祕演算法。

很多人在股市裡賺到錢。事實上，大多數人都會賺到錢。不論是根據飛鏢、猩猩或專家的建議，自二次大戰後，股市投資人每年平均約有一二%的投資報酬率。ＥＭＨ的測試目的在於，想得知投資人的績效是否可以持續優於大盤。當然，有些人可能幸運一陣子，就像亞特蘭大市的賭徒，有候可能手氣好到讓川普輸掉褲子。即使超級分析師發現一種解釋資訊的必勝方法，當其他人跟進之後，祕方就失靈了。所以，爲什麼要多花一筆佣金，卻只得到平均報酬率呢？那還不如建立一個充分分散風險的投資組合，或是投資隨著市場平均而變動的大盤指數。我們會在下一章進一步討論個人投資。

效率市場假說有例外嗎？

當然有。首先，ＥＭＨ在某人有「內線消息」時就不靈了。內線消息是指公司高階主管才可能知道的祕密，如未來的獲利或虧損狀況。一九六〇年代有一個著名的內線交易案例，是福格提（Charles Fogarty）買下自己公司德州灣硫黃（Texas Gulf Sulphur）的股票。福格提是執行副總裁，他知道公司發現了一個價值極高的礦脈，且消息尙未發布。這樣的錢在股票市場賺來容易，但在法庭中也很容易被定罪。福格提被關進監獄的理由是，美國證券管理委員會認爲，這個在董事會中沒有一席之地的笨蛋，應該在股市中公平交易。證券管理委員會如果逮到內線交易者，會給予嚴厲的處罰，包括關進監獄及「吐出」不法獲利。當然，不是每個內線交易者都會被逮到，而且法律的適用對象也未涵蓋所有知道內線的人。法律應該要一體適用嗎？

假設超人公司暗中計畫要併吞蜘蛛人公司，方法是買下後者的股票。超人公司的主管認為他們可以更有效率地經營蜘蛛人公司，提升後者的資產價值。基於這個理由，超人公司願意超出市價來買蜘蛛人公司的股票。這項購併計畫是個祕密，只有內部人士或擁有透視眼的超人才看得出來。事實上，只有超人公司的總裁及副總裁（還有他們的律師）才知道這個計畫。

如果這些主管在公布購併計畫前就自己跑去買股票，他們當然會因內線交易而被起訴。但如果是負責印刷這項公開說明文件的印刷廠工人去買呢？他應該被視為擁有內線者而被處罰嗎？根據美國最高法院的一個眞實個案，答案是否定的。一九七〇年代，曾因類似行為而獲利三萬美元的印刷廠工人夏芮拉（Vincent Chiarella），就被最高法院宣判無罪。

諷刺的是，幾年之後有人問夏芮拉，被控內線交易的金融界名人伯斯基（Ivan Boesky）是否應該受到處罰，他回答：「絕對要嚴厲處罰。」

內線交易者的績效必然優於大盤，所以大部分支持ＥＭＨ的人都將這種人視為例外，堅持一般民眾無法打敗大盤。但是，假說中有一個諷刺性的環節：正因為許多人埋首研究並分析個股，所以選股是無效的。市價「正確」反映出預期，因為有許多人根據現有的資訊買賣股票。你不太可能持續以過人的方式來解析資訊。然而，如果只有你一個人在研究，你就可能勝過隨機選股的方式。因此，效率市場信徒的隨機選股建議，會因爲每個人都採取這個建議而失效！

效率市場的信徒如果可以說服人們放棄選股，或許就能發財。但這是他們暗藏的動機嗎？我很懷疑。因爲大部分經濟學家不是這麼有野心。當然，他們很喜歡談錢。不過他們就好像妓院裡的琴師，總是在活動周圍彈琴，卻從不眞正靠近。

公司在股市與債市中籌措資金來擴充事業，個人則在這些市場中尋求退休金及其他費用的來源。個人的投資抉擇與企業的投資抉擇同樣重大，也同樣令人頭痛。在下一章中，我會試著釐清這個問題。

8 別把雞蛋放在同一個籃子

- 大部分的人投資什麼？
- 考慮投資時，第一個要問的問題是什麼？
- 投資人必須擔憂什麼風險？
- 什麼是最安全與最危險的投資？
- 什麼是共同基金？
- 如何比較股票的風險？
- 什麼是本益比？
- 如何降低投資風險？
- 股票爲什麼會上漲或下跌？
- 如何看懂報紙的證券版？
- 紐約證交所、美國證交所及那斯達克之間有什麼差異？
- 如何投資外國公司？

● 國際性投資有什麼附加風險？
● 什麼是期貨與選擇權？

讀到這裡，你應該有一點經濟概念了吧！所以我們現在可以試著用這些知識來解決個人財務問題，不用再討論國家的總體經濟。

有位喜劇演員問道：「怎樣才能在股市裡賺到一百萬？」答案是：「用兩百萬去賺。」在金融市場投資，就好像投籃、吹雙簧管或逛街購物一樣，每個人都有不同的經驗和不同層次的成功。不過，不知道為什麼，我們總會聽到極端的例子：有個女人某然買到一支飆股而發財；有個男人因為手中股票暴跌而跳樓。

經濟學家將這種人稱為「極端」（tail）。這種稱呼與他們的身體構造無關，只是說明他們代表人口中的極小部分。事實上，股票的投資結果看起來與任何鐘形曲線一樣。假設分數灌水的情況在掌控之中，則大部分學生的成績都是B或C；同樣地，大部分個人投資成果也都乏善可陳。如果前一章所討論的效率市場假說確實為眞，你的生命目標就不應該是成為鳳毛麟角的投資大師。讓庸俗的川普去享受那種榮耀就好了。

你不需要為了在股市或債市中賺錢，就放火燒掉這個世界。你應該追求什麼呢？是優渥的報酬。這又是什麼呢？這是讓你的資本成長不會落後通貨膨脹，但也不會為你帶來太高風險，讓你夜晚無法安枕，或早上不敢翻開報紙的證券版。

大部分的人投資什麼？

有六〇％的美國家庭將錢拿來置屋。這些住宅投資大約占去美國人財富的三分之一。只有二〇％的美國人直接投資股票（不是透過退休基金），一一％的人持有共同基金，八％的人擁有債券。雖然銀行的魅力已經落後共同基金和其他金融機構，但仍有六〇％的美國家庭擁有儲蓄帳戶，二〇％持有定期存款。（編按：以上根據一九九二年美國統計局資料）

美國人怎麼決定把錢放在哪裡呢？他們可能是依賴精明的姊夫、諂媚的證券經紀人、「艾比信箱」之類的萬事通專欄，或是商業新聞網。大部分人會覺得自己被淹沒在氾濫的投資訊息中。要篩選所有的資訊，就好比從消防栓喝水一樣困難——這兩種狀況都會讓你輸（濕）得精光。

而且，人們面對的選擇不斷增加。過去幾年中，美國人投入大量資金在共同基金，卻搞不清楚投資標的國家的狀況。研究顯示，大部分美國人甚至搞不清楚堪薩斯州在哪，可是美國家庭卻勇於投入數十億美元到新加坡和香港。他們爲什麼要這麼做呢？因爲他們聽說這些市場正在走多頭（bull），而且不在乎這頭牛（bull）會把市場拉向哪裡。追求高報酬的投資人也已把錢丟到無數賭局：黃金基金、貴金屬基金、商品交換（commodity swap）和零息債券（zero coupon bond）等。

考慮投資時，第一個要問的問題是什麼？

「我是誰？」這個問題聽來像是大一哲學試題，但是蘇格拉底用「認識你自己」來回答他的學生時，可不是隨口說說罷了。如果你住在紐約市的小公寓裡，那麼去買頭母牛就是很愚蠢的行爲。如果你需要時常用到錢，那麼投資不動產也同樣愚蠢。養牛的人需要空間和良好的通風，而投資不動產的人需要時間，因爲房子不可能在一夜之間就換手。經濟學家將這種狀況稱爲「流動性」問題。

所以，投資人應該看的第一個地方是鏡子。你看到皺紋了嗎？或許你快退休了，所以你需要的是可以提供穩定收入的投資工具。妳看到的是年輕母親發亮的眼睛嗎？妳會需要很多很多錢來供女兒上大學，所以妳或許需要「積極型」的股票投資組合，它短期內不會配股，但有價格上漲的空間。

看清鏡子裡的自己以後，你還是應該在考慮投資前，多問幾個問題。第一，風險與報酬有什麼樣的關係？這是經濟生活的難題。許多老生常談、歌詞和書名中都可見到它的蹤跡，包括「天下沒有白吃的午餐」，和「你得先打破幾個蛋，才能煎蛋捲」等。

甘迺迪說過：「生命並不公平。」其實生命也完全不安全。自由市場體系不是無風險的體系。幸好，大部分投資在風險與報酬間存有抵換的關係。高風險股票通常會有高報酬，幾乎沒有風險的股票產生的報酬就很低。平穩的投資很難致富，當然也不會因此變窮。假設有一場棒球賽，教練要在兩個球員間做選擇：一個是常被三振的全壘打製造機，另一個鮮少揮出大棒，但上壘率高。他應該派誰上場呢？當然，這要看當時情況而定。他是不是迫切需要一支全壘打，所以應該冒著球員被三振的危險？還是他可以接受那個火力平平的打擊手揮出內野球，然後可能被雙殺？不管怎樣，大多數教練如果有這個選擇的機會，就已經覺得很幸運了。

市場提供很多機會和選擇。這從金融史就可一窺究竟。我們可以比較過去六十五年美國股市與債市每年的報酬。美國國庫債券是由聯邦政府發行，雖然聯邦政府在平衡預算上表現不理想，但是極爲安全的投資標的。而股票每天和每年的波動就大多了。畢竟股票是由公司所發行，而公司有時會揮出全壘打，有時卻會被三振出局。如果露絲家把所有的錢投入股市，貝拉斯家的錢全部放在國庫債券，誰的績效會比較好呢？可以肯定的是，長期來說，高風險的股票會產生高報酬。露絲家年平均報酬率是一〇％，貝拉斯家年平均報酬率則不到四．五％。但貝拉斯家並沒有被市場欺騙，事實上，在過去一個世紀中，他們沒有心臟病發的機會。貝拉斯家不需要因一九三一年股市暴跌四三％而痛苦不堪。他們的債券投資表現最糟糕的一年是一九六七年，但當年美國債券價格也僅下滑九％。

如果他們投資棒球隊，結果又怎樣？風險會更高。紐約大都會隊的原始老闆是一位名叫瓊安・佩森（Joan Payson）的富有女人。當她的球隊在一九六二年球季不斷打破紀錄時，她正在歐洲旅行。球隊打破什麼紀錄呢？單季負場最多，一共輸掉了一百二十場比賽。大都會隊的紐約辦公室每天都會拍電報到老闆下榻的歐洲飯店，報告比賽分數。最後，她寄回一張短箋，要求球隊贏球時再發電報，這樣才能省錢。

投資人必須擔憂什麼風險？

首先要注意的是拿不到錢。發行股票或債券的公司可能會破產。它們可能找不到客戶來買計畫銷售的漢堡。或許它們想鑽油，卻什麼都鑽不到。不論管理者的能力有多強，每種行業都有本身的風險。而且每種投資都可能被上帝攪局，或被OPEC的酋長破壞。東京的銀行一直很擔心，大地震會使不動產價值縮水，進而傷害日本股市。投資人還必須擔心利率風險。如果利率上漲，股票與債券的價格通常會下滑。爲什麼呢？記住，債券會定期支付固定的金額。如果利率揚升，新債券就要用較高的利率去支付利息，使舊債券比較不值錢。同樣的情況也會造成股票價格滑落。因爲若新債券有較高的利率，購買債券的報酬就大於股票定期派發的股利。

通貨膨脹會使股票和債券價格縮水，也會讓投資人戰戰兢兢。一九七〇年代的通貨膨脹率大幅攀升，整體物價上漲了兩倍，而紐約證交所卻原地踏步。當時的股市不僅是個熊市

（意謂投資報酬很低），那隻熊還在冬眠呢！一九七〇年代末的股價水準竟不比十年前高。同一段期間，債券投資人也眉頭深鎖。一九六〇年代購買年利率三至四%長期債券的投資人，在消費者物價漲幅達兩位數之後，才發現他們誤上賊船。

個人投資者不是這場苦悶遊戲中的唯一輸家。儲貸機構在一九六〇年代推出年利率六%的三十年期抵押貸款，到了一九七〇年代末期，卻必須支付二〇%的利率，才能把客戶的錢留在銀行。這場金融崩潰遇上了內部貪污，使美國政府必須在一九八〇年代投下五千億美元來解救儲貸機構。

通貨膨脹風險讓我們得到另一個教訓：不要只顧安全。當醫藥研究人員開發出人造青春的泉源，可以大幅延長人類壽命，退休的人就該擔心退休金是否夠用。佛羅里達的老人最喜愛的運動，就是尋找提供特價早餐的餐廳。如果這些退休老人只把錢放在最安全的投資標的上，例如美國債券或銀行定存，可能就沒有足夠的錢到餐廳櫃台付帳。風險與報酬間的歷史抵換關係顯示，如果只把錢放在美國債券，扣掉通貨膨脹後的年收益只有一・五%。而且美國政府還要從這微薄的收益中抽走一部分稅款。

由此我們得到一個不同於傳統認知的教訓：只有富有的人才有能力將大筆資金投入債券等低風險資產。因為他們可以不在乎通貨膨脹。財力較差的人就必須冒一點風險，否則卑鄙的通貨膨脹、貪婪的國稅局官員就會掏空他們的荷包，只留下幾個銅板。

什麼是最安全與最危險的投資？

記住，「最安全」的投資也有風險，其風險在於投資報酬過低。它們是因爲報酬不會變化太大而被視爲安全。經濟學家則說，它們的波動性較低。「安全」或「低風險」投資的好處是，就算沒有什麼利息，美國政府保證至少可以保住本金。這類投資標的包括：十萬美元以下受到聯邦政府保障的銀行儲蓄存款和定期存款，以及國庫券、中期公債和長期公債。

美國政府債券的主要差別在於「期限」，或稱「到期日」。長期公債的期限長達三十年，中期公債介於二到七年，而國庫券則有三、六或十二個月的不同期限。當然，愈長期的債券，風險就愈高。因爲在三十年之間，什麼事情都可能發生。利率和通貨膨脹率可能大幅跳升，政府也會歷經好幾次改朝換代。

長期投資工具通常會給較高的利率來彌補風險。經濟學家所稱的「殖利率曲線」，是指長期公債利率與國庫券利率的比較圖。一般而言，這條曲線的斜率爲正，反映長期的額外風險。以一九九四年六月三日爲例，三十年期公債的利率是七・二七%，而三個月期國庫券利率只有四・一二%。

有些企業偶爾會相信自己可以萬壽無疆，因此發行超長期債券。例如，在一九九三年夏天，迪士尼就成功發行過百年債券。顯然地，有許多投資人認爲唐老鴨會呱呱叫到二十二世紀。這些債券的年利率是七・五%，只比當時更安全的三十年期公債多一個百分點。這反映出唐老鴨與米老鼠的穩固形象，以及大眾對迪士尼未來經營者的信心。的確，迪士尼現在的經營團隊是以嚴格且實際的管理方式著名。但是，這家公司仍可以維持一百年榮景，不會失去它的良好信用嗎？沒有人知道。不過我倒是保持懷疑。畢竟只在十五年前，多數分析師都認爲迪士尼已經是個疲態畢露的公司。這種情況還是有可能再發生，屆時迪士尼債券的風險會更高，價格也可能滑落。事實上，在迪士尼發售百年債券後不久，市場利率就開始大漲，讓投資人覺得自己像高飛狗一樣呆。

由於公司債沒有聯邦政府的背書，它被歸類爲「有限風險」：與藍籌股及高評等的市政公債屬於同一類（請參考第七章債券評等的介紹）。藍籌股是指長期穩定獲利且支付股利的公司。當然，企業經營可能會出軌，不過家喻戶曉的公司如通用汽車和威名百貨，由於廣受關注，所以投資人通常相信，就算這些老店要倒，也會讓投資人有充分的心理準備。

相對於穩健的藍籌股，成長型公司被歸爲「中度風險」。成長型公司還沒有達到藍籌股的尊貴地位，需要將大部分獲利再投入擴充事業，所以通常不發放股利。不需要定期得到股利，但願意冒點風險來換取未來可能的豐厚獲利的人，投資成長型股票是很合理的選擇。

房地產出租業通常被歸類爲中度風險。當然，你必須仔細考慮你有興趣的標的物。就像房地產業者說的，投資房地產有三個原則：「地點！地點！地點！」即使在房地產蕭條的一九九〇年代初期，華府的租金還是居高不下，因爲聯邦政府雇用的官員愈來愈多。但是地域性現象並不能幫你做選擇。你必須看看特定出租單位的地點和屋況如何。就算房市非常興盛，去買一棟地下室淹在泥漿裡的老舊房屋，也是極爲危險和愚蠢的行爲。

最危險的投資包括垃圾債券、投機股、大宗物資、期貨和選擇權等。成長型公司是成功開拓市場利基的公司，但投機性公司尚未突破瓶頸，公司未來可能維繫在新發明、專利或政府的核可，如某種藥品的通過。只要美國ＦＤＡ點頭，投機股就可以在幾秒間變爲成長股。這正是ＦＤＡ沈悶的技術性聽證會座無虛席的理由，連走道都被藥品類股分析師占滿。

什麼是共同基金？

共同基金是股票或債券的投資組合，由許多投資人共同擁有。如果你把錢放在共同基金，你購買的不是構成該投資組合的實際股票，而是一部分的基金價值。共同基金的風險可能很大，也可能很安全，要看基金經理人投資什麼。投資高評等政府公債的共同基金就相當安全，但購買未經考驗的新公司股票就比較危險。「共同」這個詞當然不代表基金特別安全。鐵達尼號就是一個「共同」假期。

如何比較股票的風險？

沒有簡單的方法。而且不是只有笨蛋才會被市場愚弄。經濟學家通常觀察一種被稱爲

β值的統計數據，以此判斷個股走勢是否與其他股票一致。如果某股票的β值等於一，代表該股票反映了大盤走勢；假設大盤上漲一〇%，該股股價也會上漲一〇%。高β值代表股價波動較大。例如β值爲一・五的股票，會在大盤上漲一〇%時，出現一五%的漲幅，或在大盤下跌一〇%時，滑落一五%。

分析師比較股價與大盤的歷史變化來計算β值。一般投資人則可以從各大證券交易商或價值線（Value Line）等資訊服務業者，取得β值的資料。β值低於一，顯示股價較大盤安定。在投資組合中加入幾檔低β值的個股，可以降低持股風險。不過，低風險未必是好事。要記住，在多頭市場中，低β值的個股無法跟其他股票一樣大漲。所以如果你看多後市，就應該多買一些高β值的股票。

哪些公司的β值比較高，哪些又比較低呢？科技股的變動幅度很大，所以β值會超過一・五。相對地，公共事業類股的β值通常低於〇・五。有些個股的β值甚至是負值。這怎麼可能呢？因爲這些股票的走勢與大盤相反。當大盤走勢不妙，投資人會轉而投資貴金屬，所以與黃金相關的股票就會出現負的β值。

總之，雖然β值可以幫助投資人判斷股票的波動性，但它不能解釋大盤會如何變化，或某支個股是否值得投資。畢竟高β值個股的走勢可能遙遙領先大盤，讓押對寶的投資人一路狂笑到銀行。

什麼是本益比？

本益比（P/E ratio）提供投資人另一種方法來評估股票風險。投資專家看待本益比的方式，就好像十二歲男孩注意棒球打擊率。報上的證券版與運動版一樣，每天都會列出這些數值。β值可以幫助你瞭解個股的波動是否大於整個市場，而本益比可以告訴你，其他投資者是否對某家公司過度樂觀。

基本上，本益比是比較公司目前股價與過去一年獲利而得出的數字。高本益比表示股價遠高於每股盈餘。你可以假設一家公司將所有盈餘倒在盆子裡，然後分給股東，所以高本益比是指每個股東可以分到的盈餘較少。而他們持有股票是因為預期未來會賺更多錢，可因此得到更多紅利。換言之，他們願意付出較高的價格去購買股票。一般而言，持有高本益比的股票會比較危險，因為該公司目前的獲利似乎無法支撐高股價。

本益比為什麼會改變？因為投資人會比較看好某些股票。所以高本益比雖然表示高風險，但也顯示市場相信公司的獲利會大幅成長。假設波左公司的股票本益比為三十五，就表示投資人願意花目前每股盈餘三十五倍的成本去購買該股。

美國股市的平均本益比是二十一，而日本股市的本益比大約是一百。也就是說，投資人必然是因為深信日本公司可以迅速擴大產出和獲利，才會去投資日本股市。許多投資人會刻意尋找低本益比的股票（本益比為個位數），因為他們認為市場低估了這些公司的潛力。

市場專家稱他們爲「價值型」投資人，但是心裡面認爲他們是一群貪小便宜的人。

雖然本益比常被用來判斷股票的投資價值，但它未必說出公司全貌，也不見得句句實情。舉例來說，假設波左公司因爲不景氣而只賺了一毛錢，它的本益比看起來會高得驚人。如果該公司利用大量扣除額來削減盈餘申報呢？本益比會比沒有用那麼多扣除額時高出許多。企業的會計師可以爲了稅務理由而美化盈餘，所以投資人必須透視本益比的內容，才能瞭解一家公司的股價是否眞正反映其價值。

如何降低投資風險？

多樣化。多樣化不只是生命的調味料，也是處理個人事務、至少是個人財務的方法。你應該要用足球教練看待球隊的方式來檢視自己的資產。每個球員都有獨特的角色和特質。五呎二吋的射門員是聯隊中最好的，但是你不會希望他那雙瘦腳塞進防守絆鋒的鞋子裡。你也不想要整個球隊都是笨重的巨人，因爲他們只有在並列爭球時才能發揮功用。球隊裡應該要有幾個動作敏捷的球員，幾名人高馬大的壯漢。如果一支隊伍裡的球員看來都一樣，那就危險了。尋求隊員組合的多樣化，才能降低在球場上被打敗的風險。

多樣化降低風險，這幾乎成了一個自然法則。就好像「近」親通婚會造成下顎後縮和精神障礙，相「近」的投資組合也可能造成資產價值縮水。

金融界的古老格言：「不要把所有雞蛋放在同一個籃子裡！」已經被轉爲複雜的數學模型。事實上，兩位諾貝爾經濟學獎得主——麻省理工學院的莫迪里昂尼與耶魯大學的托賓（James Tobin）——會得獎的部分原因，是他們的研究證明了這個鵝媽媽哲理。

理財雞蛋應該放在哪些不同的籃子裡呢？平衡的投資組合通常包含一些股票、債券和現金（或活存與定存），或許還有一些不動產、大宗物資（如小麥、木材、豬腩）或貴金屬（如黃金與銀）。當然，在這些廣泛的類別中，有風險較高、也有風險較低的投資，前者如投機性的科技股，後者如穩定的公共事業類股。因此，投資人需要在這些類別中尋求平衡：如果你擁有一家ＤＮＡ研發公司的股票，它的股價不是會一飛沖天，就是會跌入破產的萬丈深淵，所以你應該再買一些績優股。

沒有「正確的」平衡存在。很多專業顧問會推薦股票、債券和現金各占三分之一的投資組合，但我通常建議加重股票投資，因爲股票的長期表現總是比較好。不過，眞正的答案要視投資人的情況而定。蘇格拉底的「認識你自己」就是很好的註解。如果偏重股票的投資組合會令你緊張不已，甚至可能讓你心臟病發而英年早逝，那還是算了吧！

上班族也應該要注意，不要將太多個人財富投資在自己的公司。你的公司可能是一個非常適合白天辛苦工作的地方，而你的固定收入也已經釘在那裡。如果公司走下坡，你可能會失業，或眼睜睜看著薪資縮水。在這種令人喪氣的時候，你當然不希望自己的投資收入也跟著下滑。事實上，你應該將投資組合調整到與收入來源相反的方向。

怎樣才能做到這一點呢？假設你是一位飛行員，而航空類股常與整體經濟同步上升或滑落。景氣好的時候，商人與旅客不斷穿梭在空中；景氣差的時候，飛機呆坐在機場西側的荒涼處。經濟學家形容這種股票爲循環類股。既然飛行員的收入會隨著景氣循環而波動，所以你應該尋找不會隨著景氣起舞的防守型股票。醫療與食品類股就屬於這類股票，因爲不景氣的時候，憂鬱的人們會放縱飲食而生病。實際上，不論景氣發生什麼變化，人們不會停止飲食，也無法不生病。

這是勸你不要參加員工認股嗎？倒也不是，只是得千萬小心。你必須確認自己有足夠儲蓄，可以抗拒這種風險。

最後還有一個忠告：如果你在特定行業中工作，已經培養出深入的知識，使你有能力選出未來的飆股或爛股，你就應該放手一試。只是不要把所有雞蛋放在同一個地方就好了。

你應該要有幾個「蛋」呢？在美國，投資人有三萬種以上的股票可以選擇。但你不需要投資全部。只要約六種不同屬性的股票，就可以大幅降低投資風險。如果你很想買下全部股票，可以去買指數基金，那是一種嘗試複製大盤表現的共同基金。換言之，指數基金經理人致力購買可以讓投資組合β值爲一的股票。不同的指數基金可能針對不同的股市，如倫敦證交所或義大利證交所等。

我很喜歡指數基金，特別是因爲它們的管理費很低。這些經理人採取十分直接的廉價方式，而不是試圖設計什麼市場策略，把錢浪費在經常支出上。他們在每類股票都買一檔，而不是在所有股票中做困難的選擇。效率市場假說就強烈支持指數基金，而不是積極型共同基金。事實上，絕大多數操作手法積極的共同基金，因爲花費不貲，績效往往比不上簡單的指數基金。這對共同基金經理人而言，實在是非常尷尬的事。

股票爲什麼會上漲或下跌？

當然是因爲供給與需求。就像大部分商品一樣，股票是一種歡迎程度的競賽。受歡迎的股票會上漲，沒人愛的股票會下跌。該怎麼進行這場競賽呢？凱因斯想出一種很聰明的方法。他建議你不要選擇最吸引你的股票，而應該選擇你認爲別人會擁抱的股票。

凱因斯有一個很棒的類推。他將選股比喻爲「報紙選美競賽，參賽者必須從一百張照片選出六個最漂亮的臉蛋，最接近所有參賽者的平均選擇結果即爲獲勝。所以參賽者不是要選自己認爲最漂亮的臉蛋，而是他認爲別的參賽者會青睞的目標。結果參賽者都從同一個角度來選美」。

凱因斯的描述總是讓我想起伍迪艾倫的台詞，他說自己在玄學考試作弊時，是在透視隔座同學的靈魂。

股市動態報導大多很可笑。假設以五百支股票爲成分股的史坦普五〇〇指數目前約在四百五十點。在這個日成交量達數百萬股的市場中，十點的漲跌僅代表〇·二%的變動。然而，到了晚上的電視新聞，某個笨蛋播報員會唸出：「史坦普五〇〇指數今天跌了十點，因爲發生了……。」這種凡事都要找理由的做法，一點意義都沒有，因爲跌幅實在小得不值一提。更實際的描述應該是，今天股市的數百萬投資人中，有五〇·〇〇一%的人認爲會下跌，另有四九·九九九%的人認爲會上漲。

如果你可以事前猜到市場會搶進哪支個股，你就可以遵循這句永不退流行、但通常無用的話：「逢低買進，逢高賣出。」但是大多數的人不應該以爲投資外表最亮麗的公司，就能擁有傲視群雄的績效。相反地，他們應該根據傳統的基本面來投資，也就是投資產品或服務符合市場需要、且營運良好的公司。

除了歡迎度的因素之外，還有好幾種力量會推動股價漲跌。首先是市場或產業的狀況：高β值的股票走向與大盤相同，但是變動速度更快。循環類股則與經濟情勢同步變動。利率變化可能傷害或推升股價走勢。如果利率滑落，股利會更吸引投資人，而且上市公司的獲利可因借貸成本下降而提高。房地產公司等特定類股則對利率極爲敏感，因爲低利率會吸引更多的抵押貸款和購屋行爲。

如果上市公司發行新股，股價也會受到影響。股數增加表示每位股東分到的餅會變小。上市公司在實施「股票分割」時，可能會把股數加倍，但會給每位股東原來持股兩倍的股數，以補償因股票分割而減半的股價。上市公司爲什麼要做這麼麻煩的事呢？因爲老闆有時會認爲股價太高，無法吸引投資人。而分割並不會影響公司價值，不過的確會使股價比較便宜。分割比例不一定要是二：一，可以隨意設定。此外，上市公司偶爾也會採取「反向分割」，比如以兩股換一股，股價就會成爲原來的兩倍。股價變貴以後，就可以吸引那些不想只賺蠅頭小利的投資人。

股價也會在公司財務狀況變化時出現波動，比如獲利能力、資產和負債狀況的變化。許多其他因素同樣能使股價上漲或下跌，包括公司執行長去世。曾經有研究得出一個尷尬的結果：公司股價通常會在總裁暴斃時上漲。但從總裁薪資高不可攀的角度來看，這樣的結果確實很怪異。

如何看懂報紙的證券版？

瞇起眼睛看，或是用放大鏡看。你還需要瞭解一些縮寫名稱，它們代表上市公司名字，在報紙上是按照字母順序排列。公司名稱簡短如波音（Boeing），就不需要縮寫。慣稱3M的明尼蘇達礦業生產的代號，是較少人知道的MMM。有時候，你需要瞭解企業結構；美國航空便是以母公司的名字AMR當作交易代號。

我們可以在證券版中找出MMM，看到一串數字和表頭（見下頁表一）。

從表一左邊往右看，前面兩欄標示出過去一年中的最高和最低股價。如果兩者差距很大，表示股價的波動性很高。下個欄位是公司代號或縮寫。如果有pf的縮寫出現，表示該股爲優先股。Div代表dividend，是公司每年股利的預估値，所以持有一股MMM，每年可以得到一．七六美元。經營穩定的老牌公司通常會配高股利。成長股和投機股則傾向將獲利用來再投資，不會配發給股東，而股東期待的是未來的股利，所以不會急著現在分錢。

再下個欄位是Yld%，它代表股利收益率（以百分比表示），顯示公司股利與股價的比値。投資人可以利用股利收益率來比較股票與其他金融資產的報酬率。不過要記住的是，股利不是股東唯一的獲利來源，因爲投資人可以用高於成本的價格賣掉股票，獲得「資本利得」。如果股票沒有配發任何股利，股利收益率這個欄位就會空白。

股利收益率之後是P/E，即前面討論過的本益比。而Vol是成交量，指該股在一個交易日中的換手次數。因爲報紙的版面不夠，所以這個數字是實際成交股數除以一百。

Hi、Lo、Close等欄是標示該交易日中的最高、最低與收盤價。Net Chg是股價每天的變化率，它前面會有一個正號或負號，顯示該股上漲或下跌。

表一

52wk Hi 一年最高	52wk Lo 一年最低	Sym 代號	Div 股利	Yld% 股利收益率	P/E 本益比	Vol 100s 成交量	Hi 最高	Lo 最低	Close 收盤	Net Chg 漲跌幅
58½	46⅛	MMM	1.76	3.4	18	20357	52	50	51¾	+½

紐約證交所、美國證交所及那斯達克之間有什麼差異？

最大的差別在於上市公司的規模。一般而言，在紐約證交所（NYSE）掛牌的公司規模最大，美國證交所（AMEX）的上市公司規模中等，而在那斯達克（NASDAQ）交易的公司規模最小，但可能有爆發性成長。紐約證交所要求上市公司的市值必須在兩千萬美元以上，但只要有一百萬美元市值就可以在那斯達克掛牌交易。那斯達克是由美國證券交易商協會（NASD）設立的電腦交易系統。那斯達克上市公司在規模擴大後，有時會轉移戰場。為什麼呢？因為某些投資人認為紐約證交所上市公司的風險較低。而且，公司規模愈大，成交量就愈多，股票的流通性與變現性就愈高。這種原則一般是成立的，但那斯達克的死忠派指出，當一九八七年股市崩盤時，很多驚慌失措的紐約證交所投資人根本無法透過系統交易，同一時間的那斯達克卻能運作順暢。

如何投資外國公司？

過去幾年間，美國投資版圖上出現了一股新旋風：國際化。許多美國人紛紛把積蓄投入印度和中國大陸市場，儘管他們連這些國家的貨幣是什麼都搞不清楚（應該是盧比與人民幣）。有兩個因素促成這個現象。第一，美國投資人對本國股市和債市的低報酬率已經忍無可忍。第二，他們看到外國股市大幅上漲，投資報酬率高達兩位數。有什麼人在看到鄰居買的香港指數在一年間幾乎上漲一倍後，還能忍受自己的定存每年只有三．五％的利息？就像前文說的，我們必須很富有，才能不在乎定存的微薄報酬。

世界各地的公司都需要錢；資金愈多，企業經營就愈容易。不過，某些國家禁止特定公司向外國人發售股票籌資。墨西哥國營石油公司（Pemex）雖然非常需要外國專業技術，但仍維持它純粹的墨西哥血統，因爲政府擔心如果讓出挖掘石油的權利，會遭到阿茲特克神祇的處罰。

即使不投資墨西哥國營石油公司，投資人也有三種方法可以搭上國際化列車。第一種方法是，在你想投資的國家找一家證券經紀商，要求它爲你買股票。不過，如果你的外語能力很差，這種方法就很難成功。即使你可以說多國語言，匯率也會造成問題。畢竟你投資的外國公司是發放以外幣計價的股利，股價也會因爲匯率的波動而變化。

比較簡單的方法是購買在紐約證交所掛牌的單一國家基金。這種基金可以透過美國券商用美金購買，股利也是以美金配發。舉例來說，墨西哥基金持有墨西哥主要上市公司的股票，而韓國基金則持有南韓企業的股票。

堅持購買單一外國公司股票、不想投資一大堆公司的投資人，可以購買美國存託憑證（ＡＤＲ）。富豪汽車與墨西哥電話公司（Telmex）等國際知名企業的ＡＤＲ都在美國的證交所中交易，代表對外國股票的權益，讓投資人可以買賣用美元計價的外國股票。

國際性投資有什麼附加風險？

美國投資人的國內投資風險不高。他們生活在穩定的政治體系中。他們的央行不會濫用貨幣去逃避債務人，企業知道如何在商場競爭。那麼，美國人爲什麼還想往外尋找投資機會呢？因爲他們想要高報酬。如前所述，高報酬的代價是高風險。但安全性令人厭煩，如果你需要更多錢，追求安全更是愚不可及。

但是，有兩種風險是不能忽視的。第一，匯率可能會重挫。如果德國航空的獲利成長二〇％，而德國馬克貶值四〇％，就算只有一張德航股票，也會讓你賠得很慘。當然，德國馬克也可能反貶爲升，爲德航的獲利錦上添花。

開發中國家的匯率常有巨幅震盪，所以銀行貸款給窮國，會以美元等較穩定的貨幣計價，而不是借款國的貨幣。這個方法也使這些借款國不會故意快速貶值來減輕債務壓力。墨西哥政府在一九九四年總統大選前，發行以美元而非披索計價的債券「tesobonos」達數十億美元。對外國投資人來說，這些債券的風險顯然比以披索計價的債券要小很多。

第二，投資人不能忽略政治風險。從金融的角度來看，韓國基金看起來很有吸引力，但如果北韓威脅啓動核武，或南韓政府遭遇大規模勞工示威，情況又如何？它可能不再受到華爾街青睞而價格重挫。此外，政府政策的變化也有影響。喜歡煽動民眾的政府，有時會把外國人當作代罪羔羊，實施國營化政策或限制外國人投資。前卡斯楚時期的古巴投資人在財產化爲哈瓦那雪茄的煙霧之後，就對政治風險分析有了更深刻的瞭解。

國際投資在大多數投資組合中都占有一席之地。但是，經驗不夠的投資人不應該受到同儕壓力就貿然投入國際化。「摩爾達維亞大騙子共同基金」的推薦券商，可能連小學地理都學不好。你可以問問他，摩爾達維亞共和國的貨幣是什麼？這支基金買什麼股票？這個國家上次政權轉移是在什麼時候？如果他不能回答這些問題，就表示他沒有做好功課，你就不應該冒險投入積蓄。

把錢押在外國企業的主管和勞工上而不會失眠的投資人，或許可以考慮風險更高的投機工具，例如期貨與選擇權。這些金融工具的起伏太大，不過，希拉蕊在一九九四年用一千美元投資牛隻期貨，確實讓她「賺」了十萬美元，也讓她上了報紙頭版。我們會在下一節討論這些市場如何運作，但是，別指望你可以學到如何複製希拉蕊的異常成功經驗。

什麼是期貨與選擇權？

電影泰斗山姆．高德溫常愛故意誤用文字來製造「笑果」，其中一句是：「絕對不要做任何預測，尤其是對於未來。」但有許多華爾街大亨的確靠猜測未來而致富。而期貨與選擇權提供他們猜測的工具。簽下一張期貨合約後，想做大亨的人就承諾他未來會用某個約定價格，去買（或賣）某個特定股票、債券、貨幣或商品。要怎麼從中賺錢呢？假設希拉蕊在二月醒來時，相信豬腩的價格會在八月由每磅五十美分上漲到七十五美分。期貨合約可以讓她提前爲八月份的價格下注。如果豬價不漲反跌，希拉蕊會輸掉這筆錢，且有兩方可以得利：賭對價格會下跌而將期貨合約賣給希拉蕊的投資人，以及小豬（因爲豬價下跌表示變成培根的豬兄豬弟會減少）。

另一個對未來培根事業下注的方法是購買選擇權。選擇權提供投資人決定的權利，可以決定未來某個時刻是否要買進或賣出某樣東西。例如，許多公司除了提供薪水，還會分股票選擇權給主管當作獎勵。股票選擇權可能會註明，大底盤先生可以在一九九七到一九九九年之間，用每股五十美元的價格購買一千股大褲子公司的股票。雖然這家公司的股價目前可能只有四十五美元，但五十美元的「執行價格」（或稱「履約價格」）在股價漲到七十美元時，就變得很有價值。

因爲選擇權可能變得很有價值，所以它可不是什麼免費的商品。大底盤先生因爲在大褲子公司擔任高級主管，所以得到選擇權做爲部分津貼，但多數人購買選擇權都必須付費。記住，握有選擇權的人不一定要執行選擇權，除非目標資產的市價使選擇權值得去執行。

我們已經看過樂觀派可以購買期貨合約，或在資產價格上漲時執行選擇權，後者稱爲「買進選擇權」（call）。那悲觀派怎麼辦呢？當然，他們會搜購肉品罐頭，並將它們藏在地下室裡。膽子大一點的悲觀者可以買「賣出選擇權」（put）。賣出選擇權讓投資人有權在價格下滑時賣出資產。假設瘦皮猴先生認爲健身器材的銷售情況不錯，所以大褲子公司的股票會下跌，他就可以去買一個賣出選擇權，讓他可以在未來某個時點以特定價格賣出該股。如果大褲子公司的股價眞的下跌，瘦皮猴先生就可以用較低的市價買進股票，然後執行權利，用較高的價格賣出該股。

這些投資工具是怎麼出現的呢？這些交易表面上看來爲世界增添許多紛擾，但實際上，它們平衡了豐年與饑饉、繁榮與蕭條、雨季與乾旱的自然韻律。起初是農人爲了避險，希望能避免氣候和農產市場的極大不確定性，所以發展出期貨與選擇權。紐西蘭牧羊人無法正確預估來年國際羊毛與小羊排的產量，但是利用期貨合約，他可以保證他的羊毛和小羊排不會找不到買主。

銀行也參與期貨與選擇權市場，因爲它們發現可以藉此減少經營風險。如果一家銀行多以固定利率放款，並以浮動利率吸收存款，選擇權可以幫助它保持穩定運作。

當然，期貨不能消除所有風險，但是可以幫助投資者與生產者遵守田納西．威廉斯筆下《玻璃動物園》中溫菲德太太的建議。這位母親說道：「未來終將變爲現在，現在終將變成過去，如果你不預先計畫，過去會成爲你終身遺憾。」

既然你已經知道該如何賺錢，至少知道如何賠少一點，我們就可以接下去問，這些經濟概念是從哪裡來的？最後一章便是一個簡易的指南，介紹經濟思想史，以及塑造經濟學未來的主要思想學派。

第五部

經濟思想史指南

9 經濟學家是衆矢之的嗎？

- 經濟學是怎麼開始的？
- 重商主義者是哪些人？
- 亞當・史密斯如何批評重商主義者？
- 亞當・史密斯是憂鬱的科學家嗎？
- 《國富論》如何描繪人類？
- 亞當・史密斯那隻「看不見的手」是什麼？
- 爲什麼亞當・史密斯讚揚分工？
- 李嘉圖是誰？他如何改進亞當・史密斯的貿易理論？
- 馬爾薩斯爲什麼那麼悲觀？
- 邊沁的幸福指數是什麼？
- 彌爾爲什麼反對社會福利？
- 爲什麼馬歇爾是經濟學界的達爾文？

- 什麼是奧地利學派？
- 誰有理性預期？
- 爲什麼新凱因斯學派不認同理性預期學派？
- 什麼是供給面經濟學？
- 公共選擇學派爲什麼不相信政府？

我們已經快速瀏覽現代經濟學的基本觀念，現在應該回頭來問：「經濟學是怎麼開始的？」經濟學並不像泉水一樣突然從地底湧出。它需要好奇與勤奮的心，有時甚至需要一些勇氣。我們來看看創立這項科學的偉大經濟學家，還有開闢新領域的現代思想學派。

美國律師協會最討厭莎士比亞的《亨利六世》中不斷重複的台詞：「第一件要做的事，就是讓我們殺掉所有的律師吧！」不過，如果經濟學家在英國伊莉莎白時代就存在的話，他們不是人人喊打的過街老鼠，就可能是舞台上狼狽逃命的角色。經濟學家有很混亂的形象：他們看起來優柔寡斷，常常帶來壞消息，且似乎又沒有能力改善處境。

蕭伯納曾一針見血地嘲弄經濟學家的優柔寡斷。他說，如果把全世界所有的經濟學家都聚在一起，他們永遠得不到結論。（諷刺的是，大多數經濟學家相信，蕭伯納對史達林的支持正顯出他對經濟的無知。史達林則覺得蕭伯納像個小丑。）經濟學家的形象往往因爲單調的言詞而受到進一步傷害。另一派反經濟學家的人堅持，多數經濟學家不具有擔任會計師的個性。事實上，身兼演員與作家身份的班・史坦恩（Ben Stein），甚至把好萊塢的生涯押在他老爸赫伯・史坦恩身上：他模仿這位前美國總統首席經濟顧問，來譁眾取寵。

我並不想反駁這些致命的指控。但有些經濟學家顯然也十分迷人有趣。熊彼得就是個特立獨行的人，他在授課時身穿騎馬褲，手拿馬鞭。也有些經濟學家聲名狼藉，譬如四處留情的維伯倫（Thorstein Veblen）。不過總括來說，最優秀的經濟學家都是非常用功的書生，如英國維多利亞時代的馬歇爾，他小時候念書會偷帶數學論文進臥室，就好像今天的「正常」少年會偷帶《花花公子》一樣。

經濟學家遭受這種拙劣玩笑的攻擊及鄙視，其實是很諷刺的事。凱因斯發現，許多經濟學家其實是想要改革社會，追尋改善世界的方法而開始做研究。馬歇爾把經濟學看成一種職業，應該融合敏銳的科學與對人類的熱情。中古時代有三大職業：醫學（關心肉體健康）、法律（關心政治健康）及神學（關心心靈健康），而馬歇爾希望經濟學可以成爲第四種高尚的職業，目標是要改善人類的物質健康，不只針對富人，也針對所有的人。雖然馬歇爾在劍橋大學成功開闢一門新的學科，但他的門徒並未將這項學科變爲「偉大的職業」。社會改革通常是吃力不討好的艱難工作。在雞尾酒會中必須忍受辱罵的經濟學家應該要記住，通往善意的路上必然崎嶇難行。

經濟學是怎麼開始的？

我們這個時代的特質告訴我們，要回答這個問題得回到很久很久以前，而且應該宣稱，在凱因斯碰巧發現乘數的一百萬年前，穴居人早就瞭解這類複雜的問題。對這種歷史說法，我當然不以爲然。古代男性與女性確實會工作、休息並餵飽自己。他們的行爲像是在計算狩獵、採集和互食的代價及好處。但這不是經濟學。經濟學是對於選擇的研究，也是發展可測試模型來解釋行爲。看到渾身長毛、揮舞著劍齒虎的野人就拔腿逃跑，或許可算是一個經濟決策，但是它對於我們在家庭、事業與財富創造的瞭解，並沒有助益。

我們可以從聖經開始，聖經裡有許多土地、勞動及資本的記載。但是聖經裡的訓誡多於嚴謹分析。儘管亞當・史密斯的名字與他的道德情操都來自聖經，但是聖經對他的經濟理論並沒有多少啓發。

我們也可以探討亞里斯多德的條理分明的評論。他讚揚私有財產，同時貶抑爲了財富而累積財富。但是亞里斯多德對經濟學的瞭解，僅止於知道時間是一項稀有資源。因此，他把大部分時間投入哲學研究及教育亞歷山大大帝，而不是致力於經濟理論。這是很明顯的事，因爲他幾乎沒有留下經濟評論，也完全不懂經濟學。

中世紀時若有魔法師，應該可以用點法術把貧窮和饑荒化爲繁華的宮庭。但是中世紀的歐洲只有一些神學家，陷在市集中與人們辯論正義與道德的問題。神學家設定「公平價格」

的教條，重新修正教會對高利貸的觀點。由於舊約明文禁止借錢給同社區的人以收取利息，所以他們嘗試區分利息的不同成分，例如風險、通貨膨脹、不便性以及對延遲支出的補償，來貫徹禁令與掩飾漏洞。

這些神學家陷入一個難題：如果他們繼續傳述違反商業的聖經正統，他們將不合時宜，因為許多人寧可冒著遭天譴的危險。另一方面，如果他們只是微笑著寬恕商業主義，他們將失去信譽及最大的武器：罪惡感。他們草率地拼湊自己的經濟理論，雙腳則踏在世俗與宗教的兩端。這樣的姿勢非常奇怪，除非你的腿很長或臀部很大。談論經濟學是神學家對信徒的一個責任，但是他們的責任是引導信徒進入天堂，而不是邁向更高的生活水準，和以信用為基礎的經濟。摩西曾說：「讓我的人走。」而不是說：「讓我的人收費。」當新教徒分裂出去以後，這樣的工作變得更加棘手。

第一批經濟學家不是在中世紀時誕生，而是在十六世紀啓蒙時代的歐洲。他們被稱為「重商主義者」（mercantilist）。

重商主義者是哪些人？

他們是十六至十八世紀的一群作家與朝廷策士，在歐洲君王身邊晃來晃去。他們沒有共通的「正典」，也沒有創造出一貫的思想學派來系統性地培養信徒。他們甚至沒有共同的興趣。當英國、法國、西班牙、葡萄牙與荷蘭的皇室忙著鞏固疆界及拓展領土時，律師與商人開始向國王與女王建言應該如何管理經濟。

雖然他們的方法並不一致，但是重商主義者還是有幾項共同的教條：第一，爲了保持政權，國家應該用獨占事業、專利權、補助與特權來獎勵忠君之士；貪婪的商人與貴族應該被剷除，以免他們支持叛亂。第二，國家應該擴張殖民地，以便取得貴金屬及原物料。這些物資是衡量國家財富的良好標準，同時可以支付戰爭開銷。第三，國家應該限制對外貿易，使出口大於進口。持續的貿易順差可以從債務國賺取黃金（財富）。

在重商主義之下，我們看到國家向外擴張版圖。不過，在同一段期間，我們也看到對內部經濟的控制更加緊密，行會、獨占與關稅將經濟力量分配給政治利益。有些國家的情況特別嚴重。法國路易十四的財政大臣柯貝爾（Jean-Baptiste Colbert），徹底管制了許多商品的製造，並授與行會龐大的權力。有一次，他宣稱來自第戎市的布料必須要有一千四百零八條線，驚人地展現他在皇室的權力。現代的法國政客在主張保護主義時，還會搬出柯貝爾的名字。一九九三年GATT烏拉圭回合談判中，捍衛農業補助與高關稅的部分法國勢力，在充滿敵意的貿易辯論上大喊：「我們是柯貝爾的國家，不是亞當・史密斯的國家！」這個賣弄知識的呼喊竟然有效，幫助法國總理巴拉杜（Edouard Balladur）迫使美國及其他歐洲談判代表做出額外讓步。

亞當・史密斯如何批評重商主義者？

十八世紀的蘇格蘭人亞當・史密斯被推崇爲現代經濟學之父。重商主義者是他的絕佳箭靶，他曾從不同層次去痛斥重商主義。重商主義是根據錢幣及貴金屬來衡量財富，但亞當・史密斯認爲，眞正的財富應該以一般家庭的生活水準來評斷。成袋的黃金不一定可換爲成袋的食物。更何況，錢財是死了帶不走、又不能吃的東西。

亞當・史密斯指出，消費者的經濟狀況是國家財富的衡量標準。把錢送到首相或阿諛商人的手中，不見得有益於國民。亞當・史密斯知道個人動機與發明創新能刺激經濟繁榮，重商主義的獨占與保護則會癱瘓國家經濟。現代經濟學於是由亞當・史密斯的譴責而產生。

亞當・史密斯是憂鬱的科學家嗎？

不同於一般人對天才的痛苦印象，亞當・史密斯其實生活得相當滿足。他生於一七二三年，從小與母親相依爲命，住在與愛丁堡隔著福斯灣相望的刻科迪小港口。他的父親是關稅監察，在他出生前幾個月就去世。

亞當・史密斯的出生時代遠比出生地點更重要。他出生於啓蒙時代，是歐洲思想史上最熾熱的時期。當時，牛頓和伽利略等聰明之士開始質疑宗教教條，尋找對自然現象的理性解釋。亞當・史密斯與這些科學家一樣，也找出了因果關係，但他的焦點是人，不是物理力量和星球。

亞當・史密斯是個長相怪異的人。大鼻子、腫脹的眼睛、突出的下唇，偶爾會神經質地抽動身體，還有點口吃。亞當・史密斯有一次承認自己長得不怎麼樣，他說：「在著作之外，我是個醜人。」

亞當・史密斯曾就讀牛津大學。他抱怨那裡的教學差勁，並且批評學術檢查制度。就像當時的多數學生，他讀書是爲了從事神職。但是當他從哲學家休謨（David Hume）的書中感染到啓蒙浪潮以後，他便放棄了這條路。他沒有成爲教會的信徒，反而成爲他昔日老師赫京生（Francis Hutcheson）的信徒。赫京生主張，不認識上帝也可以辨別善惡。

要注意的是，亞當・史密斯的理論在今天雖常與保守派相連，不過他的思想本質其實是從激烈批判政治和道德結構而起家。

亞當・史密斯後來在格拉斯哥大學教授邏輯學與道德哲學。他的教學風格迥然不同於他所痛擊的牛津昏昧學究。因爲清晰的講授以及對學生的關懷，他很快就聲名大噪。在演講、授課、主持會議之餘，他還兼任院長。

亞當・史密斯從未教過經濟學。事實上，他從來沒有上過經濟學的課。那個年代也沒有人上過。直到十九世紀爲止，學術界一直認爲經濟學是哲學的一支。劍橋大學到一九〇三年才建立一個獨立於「道德科學」的經濟學課程。

佛洛伊德發現人們常會吹捧祖先事跡，並稱之爲「家族自戀」。而經濟學家可能會失望地發現，他們的前輩不及牛頓聰明，不如伏爾泰機智，更不像拜倫一樣風騷。事實上，亞當・史密斯相當笨拙。

專業的經濟學家對亞當・史密斯心不在焉的小故事或許不感興趣，但對初學者來說，倒是挺有趣的。有一天，著名政治家湯森（Rt. Honorable Charles Townshend）來到格拉斯哥，亞當・史密斯帶他參觀一家製革工廠。亞當・史密斯大談自由貿易的好處時，一不小心掉進充滿噁心黏糊的大池子裡。工人把他從黏糊裡拉出來，剝掉身上的衣服，爲他披上一條毯子。這位現代經濟學之父在事後坦承，自己的生活老是一團亂。

《國富論》如何描繪人類？

亞當・史密斯在一七六〇年到法國教書。當時他寫了封信給休謨說：「我爲了排遣時間，已經開始動筆寫書。」他在一七七六年完成了《國富論》（*The Wealth of Nations*）。這本書在重商主義的諂媚作品後出現，就像是經濟學家的獨立宣言。它一開始就先教我們認識人。霍布斯（Thomas Hobbes）把人心比喻成「泉水」，而亞當・史密斯也秉持這種啓蒙傳統，嘗試去找出讓人們行動的力量。

亞當・史密斯發現了形成經濟學基礎的自然動力或「傾向」。首先，每個人都希望生活能更好。亞當・史密斯發現一種「改善生活現況的欲望。這種欲望看似平靜，其實打從娘胎就已存在，直到我們入土」。其次，他指出「人類本質有一種特殊傾向……去交易和以物易物……這是每個人都會做的事」。

亞當・史密斯根據這些見解，建議政府要利用這些天然動力。摩西告訴法老：「讓我的人走。」亞當・史密斯則告訴國王與女王，讓你的子民經營自己的事業。他說，政府不應該壓抑自利的人，因爲自利是一種豐富的天然資源。慈善與利他固然很棒，但它們並不時常出現來支持社會進展。亞當・史密斯承認人類經常需要他人幫助，但不能天眞地「寄望他人的幫助是單純出於善心。如果可以讓他人瞭解這一切是爲了他們自身的利益，就更有可能得到幫助」。

經濟思想史最常引用亞當・史密斯這句話：「我們的晚餐不是來自屠夫、釀酒人或麵包師傅的善心，而是基於他們對自身利益的關心。」即使這些人再怎麼喜歡宰牛、釀酒和烘焙麵包，也不願意整天做事而得不到回報。亞當・史密斯並非說自利是他們唯一的工作動機，他只是點出自利比善心、利他或殉道，更能有效且持續地促進繁榮。

亞當・史密斯那隻「看不見的手」是什麼？

如果每個人都朝自己的方向前進，爲什麼這個社會不會失序？如果十線道高速公路的交通號誌壞了，我們是不是應該會在自利發生衝突時，聽到可怕的撞車聲？如果道路沒有指揮交通的機制就變得不安全，那麼社會在沒有中央計畫單位來決定生產者和產品的情況下，又如何運作？

亞當・史密斯說，可以的。自利的社會不但可以運作，而且還會繁榮，遠勝於中央計畫的社會。亞當・史密斯曾研究天文學，他觀察到即使每個星球依照自己的軌道運行，彼此卻能自然和諧。他認爲人也是如此，可以各自在道路上行進，互相幫助並和諧相處，而這種和諧並非刻意追求的。亞當・史密斯在《國富論》中指出，只要每個人尋求自身利益，整個社會就會繁榮：「他既不是想要促進公共利益，也不知道自己正推動多少公共利益……他只是想要圖利自己，卻總是被一隻看不見的手帶領，達成原非他本意的目的。」這隻「看不見的手」就成了亞當・史密斯經濟思想最簡明的象徵。

亞當・史密斯從懷疑上帝開始他的經濟思想，最後卻發展出他自己的超自然力量：一隻看不見的手。我們爲什麼要相信他呢？話說回來，亞當・史密斯並不是在變戲法。「看不見的手」只不過是象徵社會和諧的協調者：自由市場。因爲市場競爭會引導一個自利的人在早上醒來後觀察四周，利用原料去生產他人想要的東西，而不是自己想要的東西；生產他人希望的數量，而不是自己想要的數量；產品價格不是他希望的水準，而是反映他人眼裡的產品價值。

看不見的手透過價格體系使供需達到一致。記得第三章所舉的衝浪板與滑板的例子嗎?亞當・史密斯沒看過這兩種東西，但是他發現的原理依然適用。

爲什麼亞當・史密斯讚揚分工?

別針。這個東西就可以解釋一切，就好像電影《畢業生》裡的台詞「塑膠」說明了未來的趨勢。亞當・史密斯訪問一家別針工廠後發現，將工人的工作細分，可以使產出有四千倍的驚人成長。一個工人「即使盡一切努力，一天頂多做出一枚別針，絕對做不到二十枚」。如果把工作流程分割成十八個部分，那麼每個人平均「每天可製造出四千八百枚別針」。這又是什麼法術嗎?亞當・史密斯研究這個問題，認爲透過專業化與分工，有三種方法可以增加產出:第一，勞工在自己的工作崗位上可以發展更熟練的技能。第二，勞工不必浪費時間於任務的轉換。第三，專業化的勞工更有可能發明器具，來輔助他們每天所專注的工作。

當然，亞當・史密斯從來沒有保證，只靠分工就可以爲國家帶來財富。製造商、供應商與城鎮之間的自由貿易也不可或缺。如果生產了一萬枚別針，卻因爲運輸成本過高而無法銷售，又有什麼用呢?不如只做二十枚，或乾脆不要做。再者，分工可以發生在城鎮之間，而不只在工廠裡的工人之間。個別城鎮也可以像個人一樣專業化。愛達荷州的樹城可以出產小麥，而波士頓生產電腦。重點在於，當市場擴張時，也就是有更多市場連結在貿易網路中，國家的財富就會增加。

以一七五〇年的美國爲例。沿著東海岸從巴爾的摩到波士頓，這一段發送貨物的貿易路線相當順暢，而賓州西部的屯墾區卻必須自力謀生。自給自足的屯墾區就好像一個單打獨鬥的別針工人，必須要自己切割、碾磨、接合與運送。當美國的水陸交通路線擴展，運送成本減少，便有更多城鎮加入共同市場，增加整體的財富。事實上，當海運業建造出更安全的船隻，並發展出更精良的航海技術時，橫越大西洋的運輸成本也隨之下降，進一步繁榮了十八世紀的英國與其殖民地。甚至擊敗海盜也可以間接增加國家財富。

自力更生或許是美國人的特質，但是美國人無法因此發財。

亞當·史密斯喜歡舉簡單的例子。他看著自己的外套，會聯想到不同行業與不同地區的勞工，合力使他在蘇格蘭的寒冷冬天中保持溫暖：牧羊人、分整與梳理羊毛工、染工、紡紗工、織布工、毛料商人和船員。值得注意的是，這些工人不需要彼此認識，當然也不必認識亞當·史密斯。他在當代最重要的傳承者是傅利曼，後者用鉛筆做爲亞當·史密斯經濟思想的象徵。傅利曼認爲，沒有任何人能夠獨力製造一枝鉛筆，就算是諾貝爾獎得主也不行。一枝使用斯里蘭卡的石墨、印尼油菜籽與氯化硫所製成的橡皮、俄勒岡州的木頭爲材料，並在賓州裝配生產的鉛筆，價格只有美金幾毛錢，但確實是國際市場的一個奇蹟。

李嘉圖是誰？他如何改進亞當・史密斯的貿易理論？

「不會做事的人就去教書，不會教書的人就去教體育。」這句古諺當然不適用於李嘉圖。李嘉圖在考慮成爲經濟學者以前，就是表現相當出色的經濟行爲者（economic actor，編按：指從事選擇的個人、家庭或企業）。他從未念過大學或做過正式金融研究，但是他在股票和債券市場卻能大有斬獲。如果時光倒流至一八〇〇年，李嘉圖接受了正式的訓練，那麼他在金融市場的表現，可能就不如靠自己直覺和見解而來的績效。李嘉圖是猶太移民後裔，父親是倫敦的證券經紀人。他在金融市場的成就，主要是憑藉他聰明的腦袋及無窮的精力。

雖然李嘉圖坐擁財富，但是他到二十七歲才接觸《國富論》，而且是出於意外。在英國勝地巴斯的一段無聊假期裡，這位未來的古典經濟學導師，無意間翻了亞當・史密斯寫的這本巨著。還好當時飯店房間裡不可能有電視，否則李嘉圖恐怕沒有耐性看完這部長篇大論。在約翰・史都華・彌爾（John Stuart Mill）的父親、政治經濟學家詹姆士・彌爾（James Mill）的力促之下，李嘉圖進入了倫敦知識份子與政治名流圈，與眾人分享他對英國經濟的深入看法。很快地，能言善道的李嘉圖開始負責撰寫專論及條約，同時在下議院獲得一個席位。這位知識廣博且有強烈求知欲的移民之子，於是迅速成爲英國重要的萬能博士。

我們不清楚有多少英國國會議員眞正瞭解李嘉圖，尤其是他對貿易的觀點。並不是因爲他的觀點模糊，而是因爲他企圖解釋最複雜、最違反直覺的經濟學原理。在現今世界中，最適合張貼政客訊息的地方就是汽車保險桿。這些訊息是以複雜的文字來呈現淺顯的鵝媽媽故事（格林童話還嫌深了點）。在這樣的環境下，誰能想像一位總統會去解釋李嘉圖的「比較利益法則」（law of comparative advantage）？

李嘉圖的「比較利益法則」事實上超越了亞當・史密斯的「絕對利益法則」（law of absolute advantage）。亞當・史密斯只點出，其他國家可能比較善於製造或種植某些產品，而英國應該與它們進行貿易。比如說，如果丹麥人可以用較低的成本生產丹麥酥，那麼英國人就應該向他們購買，而不是試圖自己生產。

但是李嘉圖證明，即使其他國家不善於製造任何產品，英國也應該與它們進行貿易。舉個例子來說明。假設有一位技術精良的抽脂醫生，能從滿是贅肉的大腿上抽取脂肪，而且打診療表格的速度也很快。然而，他的櫃台小姐既不會抽脂，打字也沒他快。根據李嘉圖的說法，這位醫生不應該把兩樣工作都攬在自己身上。與其放下抽脂管，他不如讓那位櫃台小姐繼續打字。畢竟抽脂的工作更能有效利用醫生寶貴的時間。

喜歡數據的人，可以用電視影集《吉利根之島》當作例子。絕望又笨拙的吉利根與能幹自信的船長一同被沖上一座孤島。他們必須做兩樣工作：捕魚及蓋茅屋。假設船長要花十個小時來捕一餐魚，花二十小時來蓋一間茅屋；而吉利根要花十五個小時來捕一餐魚，捕魚時還常會勾到自己，蓋茅屋則需要四十五個小時。根據亞當・史密斯的邏輯，船長應該要搬到小島的另一邊，獨自一人捕魚搭屋，因爲他樣樣都比吉利根強。當李嘉圖證明船長應該和一無是處的吉利根分工合作時，經濟學家不禁對他肅然起敬。

首先，讓我們計算一下，如果他們用一半時間捕魚，另一半時間蓋茅屋，他們各自能建好幾間茅屋並享用幾頓魚餐。假設船長一年工作兩千小時，而他的大副吉利根奉命工作三千六百小時。如果船長花一千小時捕魚，一千小時搭屋，他可以獲得一百頓魚餐和五十間茅屋。吉利根用一千八百小時捕魚可獲得一百二十頓魚餐，另用一千八百小時可蓋好四十間茅屋。所以兩人可以在島上九十間舒適的茅屋中享用兩百二十頓魚餐。

如果他們專業分工以後會如何？如果船長花所有的時間來搭建茅屋，他可以蓋一百間；如果吉利根專門負責捕魚，他可以捕獲兩百四十餐。所以，儘管吉利根兩樣工作能力都很差，但僅僅透過專業化，這個小島的產出就有顯著的提升。

下一個重要的問題是：我們怎麼知道要如何專業分工？讓我們回到小島上。因爲船長蓋茅屋的時間是捕魚的兩倍，他每搭一間茅屋就等於放棄兩頓魚餐。吉利根蓋茅屋的時間則是捕魚的三倍，所以他每蓋一間茅屋就是放棄了三頓魚餐。既然船長蓋茅屋的犧牲比較小，就應該由他來搭屋。李嘉圖說明了個人與國家都應該在犧牲較小的事情上專業化。這就是他們的比較利益。而他們不生產某種產品所做的犧牲，則是他們的「機會成本」。因此，專業化決定於誰有較低的機會成本。

李嘉圖的分析重點是：不論貿易夥伴的生產技術先進與否，自由貿易可以讓每個家庭消費更多商品。抽脂醫生的分工專業化也同樣適用於國家，而這正是爲什麼李嘉圖會被稱爲二十世紀以前最聰明的經濟學家。

李嘉圖爲政府指引出如此美好的前景，但他也常會碰到高唱「膽小鬼之歌」的病態悲觀者。這些人不斷告訴世人，經濟一定會摔跤。馬爾薩斯就是這樣一個人。

馬爾薩斯爲什麼那麼悲觀？

馬爾薩斯是一個高大、風趣的劍橋畢業生。他只在一七〇〇年代末短暫當過牧師，卻常被形容爲一位嚴厲的傳教者。這個形象是完全錯誤的。事實上，他很愛玩，也不是基本教義派。不過他的經濟理論確實讓他成爲一個煞風景的人。

他破壞了什麼樣的風景？那是法國大革命時期，高德文（William Godwin）與孔多塞（Marquis de Condorcet）等作家開始歌頌人類的進步，並描繪美好的烏托邦遠景。這些人的腦袋裡充滿甜蜜的夢想，如同高德文所寫的：「人類可以達到完美……每個人都會懷著友善的熱情追尋人間至善。」（高德文找到了許多追隨者，但是他的女兒瑪麗雪萊，即《科學怪人》的作者，似乎不怎麼感興趣！）馬爾薩斯的命中「貴人」盧梭，是他父親的好友，似乎也相信這種普遍禮讓的天眞希望。

但是馬爾薩斯並不接受這些看法。他特別排斥高德文和培利（William Paley）的主張：人口增加表示整體的快樂更多。馬爾薩斯認爲他們這種愈多愈快樂的理論，是絕對的瘋狂、危險。他相信，要餵的嘴愈多，每張嘴裡的食物就愈少。他與支持高德文的父親發生爭執後，在盛怒中匆匆完成了《論人口原理及其對社會未來進步之影響，並評高德文、孔多塞及其他作者之推論》。

沒有什麼論文比這篇更令人震驚。你可以先想像地球每二十五年就分裂成兩半，其中一半繼續留在軌道上，另一半則會飛向太陽，起火燃燒後爆炸。人們必會爭先恐後、彼此推擠，攜家帶眷還抓著宗教聖物，逃到可以存活的半個地球去。更糟的是，他們不知道自己應該跑向哪半個地球。

馬爾薩斯的預言稍有不同，但也幾乎一樣可怕。他不是說地球會裂開爆炸，而是描述人口會以爆炸性的速度擴張，糧食供應卻是緩慢成長。馬爾薩斯根據富蘭克林提供的美國資料，斷言世界人口每二十五年就會增加一倍。當然，有可能更快。事實上，馬爾薩斯選擇了相對保守的數字。富蘭克林的報告中指出，某些村莊的人口只在十五年內就成長一倍！雖然馬爾薩斯沒有從富蘭克林那裡得到糧食供應的可靠資料，但他推論糧食產出永遠趕不上人口增加的速度。他斷定，沒有節制的人口會以幾何比率（指數比率）增加，而糧食產量只會以算數比率增加。

這代表什麼？就是麻煩。幾何比率是指一個數字不斷乘以一個常數而增加，例如不停地加倍。算數比率則只是不斷加上一個常數。馬爾薩斯提供了一個很好的例子：如果現在的人口是十億，且每二十五年會增加一倍，人口就會從十億增加至二十億、四十億、八十億、一百六十億、三百二十億、六百四十億、一千兩百八十億及兩千五百六十億；但糧食供應只會呈算數比率的增加，也就是由十億到二十億、三十億、四十億、五十億、六十億、七十億、八十億、九十億。一開始的時候，每個人可以擁有一籃食物，但兩百年之後，就會是兩百五十六人必須分食九籃食物。再過一百年，則是四千零九十六人去分十三籃食物！

如果地球不斷分裂，我們會看到瘋狂失措的人潮。那麼人口過剩、糧食不足時，會發生什麼事呢？早在人口數以幾何比率成長之前，就會出現兩種障礙加以阻止：「積極性抑制」與「預防性抑制」。馬爾薩斯所謂的「積極性」，顯然與樂觀不同。他是指提高死亡率來抑制人口增加，如戰爭、饑荒及瘟疫。預防性抑制則是降低出生率，不過馬爾薩斯對節育幾乎沒有信心，尤其是在低階社會。

馬爾薩斯在精采而保守的陳述中，承認自己描寫的情境帶有「憂鬱的色彩」。用色彩來形容如此黑暗的未來觀，似乎是很奇怪。於是批評者很快就爲馬爾薩斯戴上黑色的帽子。詩人騷塞（Robert Southey）把他比擬成「經期污染」，還寫道：「要定期教訓這個惹麻煩的笨蛋，我很願意幫忙……我們或許花幾個晚上就可以除掉他。」批評者喜歡揶揄馬爾薩斯子孫眾多，雖然他只有三個孩子。一九五八年和一九六七年「人人叢書」（Everyman Library）的《人口論》版本中，就爲他多添了八個孩子，而且都是女孩。

馬爾薩斯有成千上萬的信徒，他們本身也不斷複製，特別是在一九六〇及一九七〇年代，當時的人口爆炸問題似乎比蘇聯的原子彈或卡斯楚的有毒雪茄還要嚴重。但是馬爾薩斯的預測到底有多準確呢？事實上，並不怎麼準確。他沒有掌握到幾項最重要的世界歷史趨勢，也忽略了明顯的統計訊息。就小地方來說，他忘了問富蘭克林的人口數字是否對美洲移民與新生人口加以區分。換言之，馬爾薩斯把這些數字全部加總，就等於假設英國裔母親在遙遠的美國土地，生下了搭船來到紐約的丹麥小孩。他看到了增加的數字，便認為美國母親的生育能力特別強——在這種錯誤的統計方法下，這還是一個無痛的分娩方式呢。更重要的是，他忽略了醫藥進步、農業改良及工業革命的開展，這些因素都足以扭曲他的預測，使人口成長不會呈穩定的幾何趨勢。

讓我們來看看農業的發展。在十八世紀初期，歐洲的農業生產力並不比兩千年前高多少。但從一七〇〇到一八〇〇年，英國每個農人的生產量卻倍增。輪作、選種、工具改良，並用馬取代牛，使得耕作時間縮短了一半。一六九〇年時，七五%的英國人必須下田耕作，但到了一八四〇年只有二五%，而且這二五%的生產量就足以餵飽所有英國人，還可以出口。

好吧，就算馬爾薩斯忘了生產力的問題，但他怎麼會把人口成長的問題也搞錯呢？經濟學家指出，「人口變遷」有四個階段。在前工業社會中，高死亡率與高出生率相互平衡；很多人死亡，但也有很多人出生。在第二階段，工業剛開始發展，良好的健康減少了死亡，使出生率大於死亡率，人口急速增加。馬爾薩斯就是生活在這個時期，資料也是來自當時。

明報 二〇〇一年六月三十日星期六 B4 加經副刊

政經瞭望台

格老力主新科技改善生產力

林慧

何以生產力上的改善，會令到消費信心能以維持？

美國的生產力增長去年是令人驚嘆的百分之四點三，但是如果以一般的平均百分之一點五計算，一般的收入要加倍，需時四十六年；假如生產力增加到百分之三，收入加倍的時間就會縮短一半，只要二十三年。

這是說，在新經濟中，新科技改善生產力，令大家對未來收入的增加有憧憬，會放心消費，所以鼓吹生產力的改善，可以令國民對經濟前景有信心，可以令國民有信心去消費。

格林斯潘深明此理，知道國民的心理的重要，而現時人們對收入及利潤的看法，很大程度是對生產力看法的產物。假如公眾對現時經濟放緩只屬短期的，他們會保持樂觀；但假如他們認爲這種由科技帶動的生產力增加，只是經濟繁榮的泡沫，自然會變得悲觀，這樣對未來收入及企業利潤的預測降低，會令股市進一步下跌，消費也會降低。

改善生產力(每個工時的輸出)，基本上有兩個方法：第一，削減生產成本，令產品可以生產得快些，便宜些；第二，擴大市場，令到固定的成本(如產品發展)能涵蓋大一些的銷售基數。

電腦及通訊科技可說對兩者均有幫助，例如資訊容易獲取，企業可減低設計周期，更精密的控制倉存，促進銷售。

格林斯潘這一兩年不斷宣傳資訊科技帶來生產力上的改善，是想告訴公眾，這個程序是眞實的，並非泡沫，而改善生產力及利潤的機會仍然很多，這意味着現時在電腦及通訊科技上的投資下跌，不會維持長久，將會很快就恢復。

對於生產力的改善的樂觀，也不止格老，例如美國國會的預算辦公室發表最新的十年預測，就預期未來生產力的增長平均每年可達百分之二點七。

美股速遞

SAP AG 增持 CMRC 股權

Commerce One Inc.(代號 CMRC)全日上升 US $ 1.58，收市報 US $ 5.84，升 37.09 %。

這間設計商貿平台軟件公司表示，SAP AG(代號 ASP GR)斥資二億二千二百萬美元，增持該公司百分之二十股權。

ILMN 獲新服務合約

Illumina Inc.(代號 ILMN)全日上升 US $ 2.88，收市報 US $ 11.78，升 32.36 %。這間生產基因分析設備公司表示，爭取到 GlaxoSmithKline Plc.(代號 GSK LN)的服務合約，消息刺激股價上升。

AVAN 料業績倍增

Avant Immunotherapeutics Inc.(代號 AVAN)全日上升 US $ 0.75，收市報 US $ 5.65，升 15.31 %。這間生化科技公司表示，集團今年將產品目標瞄準數十億元的市場，所以預期全年業績將有倍增機會。

PFSW 與 IBM 合作

PFSweb Inc.(代號 PFSW)全日上升 US $ 0.12，收市報 US $ 1.05，升 12.9 %。這間專門從事顧問服務公司表示，獲得 IBM(代號 IBM)的同意，繼續延長有關 Mac

美

【明報專訊】美國密芝根
第 2 個月上升，報 92.6；
38.7，急升至 6 月份的 44
動，或已開始對疲弱的經濟

美國商務部公布，今年首
元，較前一季下跌 6.2%，
幅；也是自從 98 年第三和
得連續兩季下跌。

美國首季的國內生產總值
修訂為 1.2%。

Tommy Hil

TOMMY HI

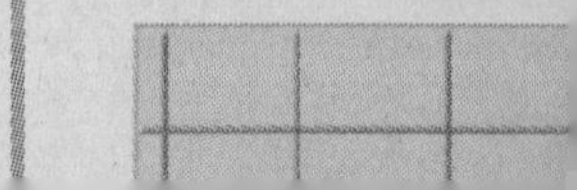

他沒有看到，也無法預見後來的變化。在第三階段，都市化和教育使很多人減少生育，因此死亡率持續下降，出生率也在滑落。第四階段，也是最後一個階段，是我們現代的社會。在成功的節育計畫和雙薪家庭的趨勢下，每對夫妻只想生一到三個小孩，所以人口數變得穩定。

馬克思（Karl Marx）曾經說過，每當歷史列車轉彎時，所有的知識份子都會跌出車外。馬爾薩斯未能預見第三與第四階段，所以當人口數據在他的圖表上跌落時，他也跌出歷史列車外了。

馬爾薩斯嘗試精確地預估人口（但失敗），而英國哲學家邊沁（Jeremy Bentham）則試圖讓個人能更精確做經濟選擇，甚至創造出一種成本效益的新計算方法。

邊沁的幸福指數是什麼？

邊沁與性虐待文學作家薩德（Marquis de Sade）不同，他認爲愉快是好的，痛苦是壞的。他是十九世紀初英國的社會思想家，理智地認爲皮鞭與手銬是犯人用的，不是性愛遊戲的道具。他整套社會哲學的主要內容，就是社會應該促進快樂，並減少所有痛苦。乍聽之下，這很像亞里斯底布斯（Aristippus）鼓吹的希臘式快樂主義（Greek hedonism），但是邊沁加入一項道德警語：個人不應該只追求自己的最大快樂，而應該追求爲社會帶來最大快樂的活動。因此他的口號是：「追求最多數人的最大幸福。」邊沁主張，政府的立法者應該要把這個概念刻在桌子上和腦海裡。

雖然快樂與痛苦、成本與效益的平衡似乎顯得無情，但在邊沁的年代，這是相當進步的想法。邊沁運用民主人士也會感動的詞句，主張快樂與痛苦的計算須將每個人視爲天生平等。國王餓一天與他的女僕餓一天並無不同。如果下一餐飯給女僕吃的幫助大於給國王，她就應該得到那些食物，國王必須等一等。顯然地，邊沁並不爲貴族所喜愛。

邊沁並不以他「快樂—痛苦」原理的模糊特質而自滿。他想要更精確的東西。事實上，邊沁希望以牛頓用來發現物理特性的數學方式，去描述社會特性。他希望自己的墓碑上可以刻著：「邊沁安息於此，他是道德宇宙的牛頓。」邊沁爲了達到這個目標，設計出一種可以量化任何快樂與痛苦的方法，並稱之爲「幸福指數」（felicific calculus）。我們每個人都能感受某些經驗會比其他經驗更快樂。爲什麼呢？任何一種經驗都可以用四個要素來衡量：強度、持續性、確定性及遠近關係。人們喜歡與親密的朋友共度確定的假期，不喜歡不確定的週末。有趣的喜劇演員比普通的喜劇演員帶來更多歡樂。

邊沁顯然從這個指數的設計得到很多快樂，所以他又加了三項要素：衍生性、不純度、對他人的影響。某些快樂會衍生更大快樂。如果狄恩去打保齡球，可以多認識新朋友，打保齡球就滿足了第五項要素：衍生性。如果狄恩打球時搞錯放電對象，調戲一個酒吧保鑣的老婆，那麼打保齡球就可能帶來痛苦，呈現出第六項要素：不純度（產生相反感覺的機會）。最後，如果保鑣把狄恩揍得鼻青臉腫，讓旁觀群眾笑彎了腰，他們的快樂也必須納入幸福指數。

邊沁利用這些工具來計算快樂和痛苦。這跟經濟學有什麼關係呢？邊沁認為，社會科學家應該考慮所有正負面因素，並試圖判斷決策的總效益與淨效益。這個觀點支持了個體經濟學的發展，成為經濟學家提供政策意見的思考基礎；經濟學家常需要建議政府，是否應該要求汽車業者提高平均燃料節約標準，或是應該保有多少戰略石油儲備。

邊沁的觀點在十九世紀初期的英國形成一股政治力量，人稱「哲學激進派」，成員包括著名的國會議員及作家。這些激進份子極力要求政府採行健全的經濟原則，捨棄老舊的貴族式政治。他們勇敢地爭取民主及言論自由，也反抗對雜誌刊物課稅的「印花稅法」，並批評「穀物法」，因為「穀物法」規定外國穀物不得進入英國，犧牲一般勞工及消費者的權益。在一八二〇及一八三〇年代，激進派贏得多次政治戰役和衝突，戰果輝煌超出預期。這個結果當然為他們帶來莫大的快樂。

至於邊沁，他一定很認真地看待第二個要素：長期的快樂。他將遺體捐贈給倫敦大學，這樣每逢重大行政會議召開，才會被放在輪椅上推出來參加。經過剝製處理後的遺體現在仍住在該校。不幸的是，有幾個追尋快樂的調皮學生把他的頭偷走了。這件事正證明了測量衍生性與不純度是如何困難。

彌爾爲什麼反對社會福利？

約翰・史都華・彌爾（以下簡稱彌爾）原本是邊沁的狂熱信徒，後來反而回頭攻擊自己的精神導師。基本上，彌爾認爲邊沁的方法使人類失去了人性，因爲快樂其實有各種不同的層次。邊沁曾說，如果撲克牌與詩帶來相同的快樂，兩者便一樣好。彌爾不同意。他換個比喻來質疑：他寧願當不快樂的蘇格拉底，也不願做一隻快樂的豬。彌爾提升邊沁的功利主義（utilitarianism），加入了榮耀、尊嚴及自我發展等柏拉圖式的美德。

接著，彌爾將他這種版本的功利主義，運用在一八四八年的巨著《政治經濟學原理》（*Principles of Political Economy*）。針對社會福利，彌爾擔心政府的補助會傷害工作倫理。彌爾將殘障、老人、幼童與強壯者區分開來，指出這些團體當然應該得到扶助，社會不應該擔心他們會因小羅斯福稱爲「麻醉劑」的扶助而不思振作。彌爾比較不同情那些肢體健全的人。他建議福利金發放應該要以工作爲代價。美國國會長久忽視彌爾的呼籲後，終於認眞考慮他的觀點，在一九八八年立法通過溫和版的「工作福利制」。

一九九二年美國總統大選時，柯林頓承諾停止社會福利制度，換上彌爾派的最後通牒：失業者不能再依靠社會福利金，必須在兩年內找到工作。不幸的是，柯林頓到一九九四年時發現，讓那些領取社會福利金的人在政府工作，會使納稅人付出更高代價。於是他戲劇性地取消原來的方案。

不過，彌爾的計畫其實比柯林頓或民主黨的計畫更嚴苛。他計畫中的工作應該是與最不幸的獨立勞工一樣辛苦。現代政府沒有理由不讓福利受益者接受訓練，以找到更好的工作。不論如何，彌爾的確展現非凡的先見之明。

彌爾也希望連結社會福利與教育。但教育不只包括基本能力，如讀、寫、算。彌爾認爲，灌輸一些資本主義的價值觀並沒有什麼不好，資本主義社會有義務教導公民如何在商業社會中成功。韋伯（Max Weber）稍後所稱的「新教徒工作倫理」並不是一種生物特性。如果是的話，那無異剝奪了窮人翻身的唯一希望。彌爾想做的，就是要將道德教育與經濟誘因相結合。

今天的經濟學家常被指控忽略道德議題，理由是他們過於注重數據，而不重視人。經濟學家因此被稱作「道德侏儒」。雖然有時候這是眞的，但不影響彌爾與亞當・史密斯這類古典經濟學家的崇高地位。亞當・史密斯的《道德情操論》（*The Theory of Moral Sentiments*）早就預見了佛洛伊德的某些觀點。

爲什麼馬歇爾是經濟學界的達爾文？

亞當・史密斯、李嘉圖、邊沁和彌爾等偉大的古典經濟學家，都渴望成爲經濟學界的牛頓，發現引導供給與需求的自然法則，就像地心引力一樣。但是劍橋大學的馬歇爾卻以達爾文為師。馬歇爾在他一八九〇年出版的《經濟學原理》（*Principles of Economics*）中，寫下自己的座右銘：自然不會突然躍進。猿猴進化為人類就花了數百萬年時間。而馬歇爾解釋了經濟科學必須研究長期與短期的理由。

生意人與消費者不會突然躍進，但會一步步試著改變現況。個人、企業與政府都會適應變動的價格。最適者生存，低利潤會將最弱者淘汰，而競爭壓力迫使企業降低成本。儘管馬歇爾最後的結果和亞當・史密斯的牛頓式經濟學相仿，但是他教我們如何用這種方法來仔細檢視個人決策。他宣稱：「經濟學家的聖地在經濟生物學。」

馬歇爾的專業生涯遵守著漸進主義的信條：勇於謹慎。他有時甚至太過緩慢。他有很多觀念在一八七〇年代初期就已成形，但是《經濟學原理》實在太晚出版，以致評論家輕視他的原創性。馬歇爾的個性也有一些缺陷，例如憂鬱症。他把劍橋的房子設計得比其他房子高，因為他覺得圍牆會讓他很不舒服。

馬歇爾的多項成就包括邊際學說、彈性概念，以及此處要討論的長期與短期變化的觀點。羅馬不是一天造成的，猿猴也不是在一星期內就進化成人類。達爾文雖然宣稱一千年的時間在生物演化上可能不顯著，但矛盾的是，突變種的短暫生命卻可以決定一個物種的未來。馬歇爾瞭解「經濟時間」與生物時間一樣，並非與倫敦大笨鐘同步。十年的時間無法允許一家公司的業務達到一年的十倍。對某些交易而言，一年已經算是長期，但對其他行動來說，一年只能勉強完成準備。

在經濟分析的每個步驟裡，時間一直在前進。在一九七三年OPEC第一次石油禁運期間，政客抓住經濟學家的脖子前後搖晃，要他們回答以下這些重要的問題：要到什麼時候，消費者才會節約能源來回應高油價？通用、福特與克萊斯勒才會生產小型汽車？石油公司才會到別的地方開採原油？最後，消費者比過去少開車，三大車廠開始生產超小型汽車，石油公司也轉移陣地到北海、墨西哥及阿拉斯加——但這些事件不是同時發生。

一九九〇年八月，伊拉克入侵科威特。伊拉克軍隊轟炸科威特的油田及煉油廠，黑色的煙霧瀰漫至全球上空，油價也出現狂飆。美國聯合世界各國抵制伊拉克的石油出口。當時我在白宮經濟顧問委員會工作，負責評估油價飆升對經濟的衝擊。高油價當然會推動整體物價上漲，同時造成工業產出萎縮。但是我們無法回答最大的問題：這個危機會持續多久？我們只知道，經濟體最後會調適伊拉克與科威特石油減少的狀況，會有更多鑽油設備投入生產行列，而且製造廠商會更節約。這些反應會減緩長期的衝擊。但是企業無法在短期內迅速回應，所以經濟短期會衰退，有些工人會失去工作。

讓我們用一個例子來瞭解馬歇爾所說的經濟時間。假設聰明的黛比開發出一種新型的咖啡，名叫淡卡普拿鐵。它的泡沫非常多，喝了以後會覺得嘴裡冒泡。這種咖啡很快就打出名號：「來杯淡卡普拿鐵，讓你在家裡或公司都香得冒泡。」辦公室打字間因此變成了咖啡間。每天的淡卡普拿鐵的供應量都是固定的。如果打字間突然停電，多於平日的打字員在休息，就會有人找不到飲料來解渴。黛比的咖啡工廠發現供不應求，趕緊增加生產，連忙送到辦公室，但此時大家已經下班。所以在一天之中，只有需求才會變化。

如果生產廠商預先得到通知，就可以加快生產來增加供給。馬歇爾稱這種時間長度爲「短期」，足以讓生產者改變供給數量。爲了增加供給，廠商可以雇用更多勞工，買進更多原料，但這樣的擴張有個極限。馬歇爾所謂的短期，不足以讓業者興建新的工廠。如果淡卡普拿鐵的電視廣告帶來爆滿的需求呢？在短期之內，黛比可以多買一些咖啡豆，多雇一點員工來研磨咖啡和擠牛奶。如果需求減少，她可以解雇員工並少擠牛奶。

在第三種時間長度，也就是「長期」，黛比有足夠的時間去蓋新廠房，到哥倫比亞新種咖啡樹，也可以投入更多員工與原料。所以長期供給的變化最顯著。而新的競爭者也可以進入這個行業，企圖從黛比手中搶走驚人的利潤。如果黛比無法保持咖啡品質，維繫大眾對泡沫咖啡的狂熱，她可能會被競爭者逐出市場。從競爭中生存下來的業者只能賺取正常利潤，因爲只要有多餘的利潤，一定會吸引更多競爭者進入。

多久算是長期，多久又算是短期呢？視行業而定。資本和產能改變所需的時間，定義了期間的長短。馬歇爾顯然沒有討論淡卡普拿鐵，不然他的白色八字鬍沾滿了泡沫一定很有趣；他討論的是魚。馬歇爾以漁業爲例，認爲新船的部署需要一、兩年的時間。不過，隨著科技進展，所謂的長期——對新事件的反應時間——有可能縮短。

馬歇爾在八十二歲高齡去世。這位英國偉大的經濟學家的確讓自己活到「長期」。他最著名的弟子凱因斯將他譽爲完美的經濟學大師，這樣的大師必須身兼「數學家、歷史學家、政治家、哲學家……以未來爲目的，藉由歷史來研究現況」。馬歇爾對經濟學的長遠貢獻，證實了凱因斯是對的。

反叛：非主流經濟思想

什麼是奧地利學派？

當馬歇爾與他才氣縱橫的弟子凱因斯，在劍橋改進主流的新古典經濟學（neoclassical economics）時，維也納的學者也掀起一股學術思潮，帶領經濟學走往相反的方向。他們用不同的方式看待經濟學，因而獲得不同的結論。英美等地的教授開始發展數學模型，奧地利學派卻對圖表、曲線及微積分展開哲學性的攻擊。奧地利學派以孟格（Carl Menger）一八七一年出版的《經濟學原理》爲開端，宣稱人類的行動不像數學模型預測的一樣。事實上，這種研究人類、而不是抽象制度或統計數據的堅持，正解釋了爲什麼現代奧地利學派英雄米塞斯（Ludwig von Mises）會將他的經濟學巨著命名爲《人的行爲》（*Human Action*），而不是什麼《我的市場理論》。（雖然畏懼數學的讀者可能想要爲奧地利學派歡呼，希望一探究竟，但事實上，他們哲學性的討論可能比微積分還難。）

奧地利學派的研究方法發展出某些獨特的理論。首先，他們對於經濟爲什麼會翻白肚，造成失業和衰退，自有一套想法。海耶克繼承孟格的思想，在一九三〇年代初主張，人們常會在立刻消費與儲蓄之間尋找平衡。當政府干預經濟時，幾乎總是會破壞人們在今天與未來間的平衡狀態，政府操縱利率時的危害尤甚。假設中央銀行想要調降利率來加速經濟成長，根據海耶克的看法，人們會被動進行比「自然」平衡狀態下還多的企業投資。最後，這種不平衡會導致景氣與不景氣間的循環，因爲經濟體沒有生產出適當數量的消費與企業商品。

奧地利學派除了在景氣循環理論上有重要研究，更對社會主義猛烈攻擊。在社會主義模型中，政府計畫單位會告訴工廠管理者可以生產多少數量及應該如何分配。米塞斯與海耶克聯手抨擊中央計畫制度，證明中央計畫單位根本不可能蒐集到所有引導生產決策的市場資訊。精明的社會學者，如波蘭的蘭格（Oskar Lange），曾試圖反駁這種指控。他們認爲，工廠管理者只需要觀察庫存的增減，就能判斷出適當的生產量。顧客眾多顯示產量應該增加，空盪盪的商店就表示應該減產。但這個說法在現實中根本不通。在蘇聯等社會主義國家，商店門外常可看到大排長龍的隊伍，但是貨物架上的商品不是沒人要，就是不夠多。

問題不只在於米塞斯與海耶克強調的資訊問題，還有缺乏動機的問題。社會主義可能給了每個人一張床，但沒有提供人們起床去工作的理由。我曾聽過一個關於史達林的故事：

> 我們工廠製造的鐵釘不夠，所以我告訴工廠管理者要增加生產。結果增產後的釘子品

質很差，一敲即壞。爲什麼呢？因爲管理者沒辦法取得更多鋼鐵，所以只好降低每根釘子裡的鋼鐵含量。後來我們叫他做耐用一點的釘子，別管提高產量的問題。結果我們拿到什麼呢？一根又大又硬的鐵釘。

雖然奧地利學派領軍攻擊社會主義的經濟思維，但就像社會主義一樣，他們本身也有無法延續的問題。第一，納粹統治年代迫使許多人四處逃亡，造成地理上的離散。第二，最主要的兩位傳人——海耶克和熊彼得——與學派決裂，觸怒了前輩，導致奧地利學派在二十世紀有大半時間群龍無首。不過，他們自一九七〇年代後開始重振旗鼓，特別是在紐約大學以及維吉尼亞州的喬治梅森大學（George Mason University）。但他們還是覺得自己被排除於主流經濟學外。在標準教科書中，甚至連注釋都很少提到他們。

奧地利學派奮戰了一百年以求得重視，但理性預期（rational expectations）學派在一九六〇年代幾乎是一興起就登入了教科書。

誰有理性預期？

愛因斯坦曾經說過，他根本不想未來，因爲來得太快了。如果連這位邋遢的天才都不在乎，我們爲什麼要指望一般人會對未來擁有「理性預期」？根據理性預期學派，即使愛因斯坦迷失於時空連續體，但他在潛意識裡確實思考過未來。理性預期學派也稱為新興古典經濟學（new classical economics），起源於印第安納州立大學教授穆斯（John Muth）在一九六一年發表的論文。穆斯認為，每個人在做決定時，心中都有一定預期。當郵差走到我家的前陽台，如果我叫凶猛的杜賓狗去咬他，我預期他會拔腿就跑，就好像我期待郵差會為我送信一樣。只要心地夠壞，這個說法很容易成立。而這正是理性預期學派發揮見解之處：他們強調人們會持續更新預期，所以不會遭到有計畫的愚弄。那位被咬過的郵差明天回來送信時，就不敢再輕輕鬆鬆走到我家的前陽台。事實上，他很可能直接繞過我家。

理性預期學派從美國馬戲之王巴納姆及林肯總統得出一句座右銘：或許每分鐘都有笨蛋出生，但你無法永遠欺騙所有的人。一個人可能會預測錯誤，但是他不會持續犯相同的錯誤。卡通人物之所以好笑，就是因為他們老是犯同樣的錯，讓自己看來愚蠢無比。譬如史奴比漫畫裡的查理布朗，他每年秋天都會試著去踢足球，但露西總是會在最後一刻把球踢開，讓查理布朗一屁股跌在地上。理性預期學派認為，大多數經濟模型都將消費者與生產者設定成查理布朗般的白痴，所以這些模型毫不可取。

撇開卡通不談，我們可以舉幾個眞實的經濟例子，看看理性預期學派如何提升主流經濟學。第一，理性預期學派解釋了家庭為什麼常會把暫時性減稅儲存起來。傳統凱因斯學派指出，如果政府減稅，人民會花掉這筆多出來的錢。為什麼呢？因為收入增加會讓人們多買東西。但理性預期學派根據傅利曼的研究而懷疑這種說法。人們會捫心自問：這個短暫的恩賜是否可以改變我對長期收入的期待？政府是不是會在不久後調高稅率，把這筆錢追討回去？顯然地，政府無法以此來哄騙人民去瘋狂採購。

理性預期學派對美國國會最愛用的投資靈藥——投資稅額抵減，也抱持懷疑。自從一九六〇年以來，協助新興私人企業支付設備費用的投資稅額抵減，已經在稅法中進出至少六次，每家企業現在都很熟悉這個遊戲。每當經濟陷入衰退，國會就考慮用投資稅額抵減來刺激投資支出。但企業不是笨蛋，它們會減緩購買設備的動作，等待國會再度通過投資稅額抵減，然後利用這項獎勵。這種等待的遊戲會在經濟需要助力時扯後腿，在經濟要邁向復甦時，又從後面急急推上一把。

理性預期學派的假設產生了一些怪誕的含意，例如，透過證券經紀人買股票不如讓一隻猩猩替你選擇投資組合。不過，最重要的結論是芝加哥大學經濟學家盧卡斯（Robert Lucas）的「盧卡斯批評」（Lucas critique）：如果人們不斷更新對經濟的瞭解，模型預測就會無效。爲什麼呢？因爲模型都是根據舊的資料。

假設美國財政部發現，股市上漲與國家足球聯盟贏得超級盃有驚人的關聯。如果財政部想要通過有利國家足球聯盟的法案來推動股市，經濟行爲者將會把這項政策視作新的資訊，調整自己的行爲模式。因此，舊行爲無法做爲制定新政策的基礎。「盧卡斯批評」指出，政府的作爲要在人民沒有意料到時才有效。想從又破又舊的政策錦囊中掏出老把戲——公共支出、投資稅額抵減——來對抗衰退，只會讓學到教訓的家庭和企業變得更憤世嫉俗。

爲什麼新凱因斯學派不認同理性預期學派？

雖然多數經濟學者認爲，理性預期學派假設人們處理資訊的速度快若閃電實在太扯了，但是盧卡斯批評及理性預期學派對金融市場的研究，的確讓主流經濟學家重新思考模型假設的問題。理性預期學派挑起的最大問題，是起因於他們堅持所有市場都會「結清」（clear），也就是說，價格會自動調整來擺脫供給剩餘或不足。如果魚子醬生產過多，價格必會下跌；如果勞動需求滑落，工資必會往下調整。

大多數經濟學家同意市場終會結清。所以，問題在哪呢？傳統凱因斯學派與重貨幣學派（monetarist）質疑的焦點在「轉型期」，也就是經濟體對政府支出或貨幣供給改變的反應過程。新凱因斯學派特別強調「僵固工資」與「菜單成本」。因爲工會合約通常以三年爲期，所以工資幾乎不可能迅速調整。同樣地，企業訂好商品價格後也無法隨便改變。L.L. Bean（服裝郵購公司）將春季型錄寄送給數百萬的潛在客戶後，就算需求大增或某種學生型毛衣大賣，也無法很快改變型錄價格。客戶打免付費電話訂購商品時，當然也討厭聽到價格已經調高。

這些對理性預期學派的批評固然頗有分量，但是電腦科技似乎把我們推向一個理性預期的世界。愈來愈多的產業以航空業爲師，利用彈性價格制度來迅速調適需求變化。「建議售價」的字眼似乎愈來愈沒有意義，因爲有更多商家爲求出售商品而願意調整價格。

理性預期學派有時會讓新凱因斯學派火冒三丈，因爲他們的論點雖然不一定符合現實，但似乎總是合乎邏輯而難以推翻。比如說，理性預期學派指出大蕭條時期的失業多半是自願的。爲什麼呢？因爲如果勞工願意接受薪資減半，大多可以找到工作。儘管理性預期學派的邏輯很誘人，但多數經濟學家覺得，這種說法很難解釋大蕭條期間的勞工行爲；如果失業是自願的，高失業率的資訊怎麼能連續十二年欺騙勞工，讓他們不去與資方重新協調薪資？

理性預期學派的自信讓我想到霍金（Stephen Hawking）在《時間簡史》（*A Brief History of Time*）中說的一個故事。霍金提到，有一位著名的科學家在發表天文學的演講，敘述地球如何繞著太陽轉，太陽又如何繞著銀河系的軌道運轉。最後，有位坐在後排的老太太站起來說：「你說的都是廢話。世界其實是個平台，底下有個大烏龜撐著。」科學家嘴角浮現傲慢的微笑，說道：「那麼，這隻烏龜站在什麼東西上面呢？」老太太說：「你很狡猾，年輕人，眞的很狡猾。不過我告訴你，下面全都是烏龜！」由於要證實這件事實在太難了，所以霍金戲稱，或許這位老太太是對的。或許理性預期學派這些極端份子也是對的。

當理性預期學派開始挑戰傳統的經濟學，供給面經濟學（supply-side economics）也大約在同時展開攻擊。理性預期學派在學術界頗有斬獲，供給面學派則在政治舞台上有出色的表現。

什麼是供給面經濟學？

鮮少有話題可以像供給面經濟學一樣，引起經濟會議和政治辯論的分裂。如果你聽到那些口沫橫飛的批評，你會以爲他們是在描述納粹宣傳部長戈培爾的邪惡計畫，充滿了欺騙、詐取、愚弄等字眼。另一方面，如果你去聽該學派最熱情支持者的言論，你會以爲他們在摩西寫十誡的石板上發現什麼新的內容。其實我們不用如此激辯供給面經濟學。供給面經濟學只問兩個簡單的問題：減稅是否可以使個人與企業增加生產？這樣做是否值得？

這兩個問題看來沒什麼傷害性，所以要解釋這些火爆的言論，我們可能得從別的地方來尋找理由。供給面經濟學起源於一九七〇年代末期的非主流學者觀點，反對者的深惡痛絕或許也是由此而來。《華爾街日報》編輯巴特萊（Robert L. Bartley）是主要的反對人士。他把供給面經濟學最佳宣傳人員瓦尼斯基（Jude Wanniski）形容爲身穿「深色襯衫、淺色領帶，彷彿還在拉斯維加斯挖新聞的記者」。這種穿著在布魯金斯研究所也不討好，該機構常常抨擊供給面經濟學是一個騙局，助長了通貨膨脹並推升利率。供給面學派偶爾會誇說減稅可以增加稅收，甚至能削減政府支出，但這種說法也得不到好評。

如果時代背景不是那麼艱困，這些爭論可能會比較溫和。但美國在一九七〇年代中期看來確實病得很重。當時美國正蹣跚步出越戰及卡特弱勢領導的陰影，政府的表現不如眾望。經濟狀況也很糟糕，ＯＰＥＣ石油禁運及混亂的總體經濟政策帶來停滯型通貨膨脹。凱因斯在大蕭條時期設計的政策藥方，能夠應付物價下跌的狀況，卻無法同時治癒通膨與衰退。總而言之，沮喪蔓延至整個美國，決策者也覺得無能爲力。

供給學派指出，在這段陰暗的期間，稅率往上爬，但生產力卻往下掉。即使國會沒有調高稅率，但名目所得隨著通貨膨脹率而上升，讓家庭的課稅級距也往上移。一九六五年時，四口之家的平均稅率是一九%，但一九八〇年已跳到三〇%。所得爲一般水準兩倍（一九八〇年時約三萬美元）的家庭，適用的稅率由原來的二三%躍至四九%。當稅率往上衝的同時，美國企業投資占GNP的比例也大幅滑落四〇%。供給面學派看到這團混亂，於是想出了減稅的對策。

他們到底如何解釋減稅可以改善問題呢？記住，個人與企業總是在工作與不工作之間、消費與儲蓄之間、獲利再投資與發放股利之間做選擇。而稅率會改變我們實際付出的價格來影響這些選擇。雷根總統的經驗就是一個例子。他說自己早在一九七〇年代以前就發現供給面經濟學：

我在尤里卡學院主修經濟學，但我認爲我在好萊塢親身經歷稅法所學到的實際經濟理論，可能比在課堂上學到的還多……當我在華納兄弟公司的事業達到巔峰時，我的所得是落在九四%的課稅級距，所以超過特定金額的所得中，每一美元只有六美分歸我，其他全會進入政府的口袋。美國國稅局拿走我的大部分血汗錢，讓我開始懷疑繼續工作是否還有意義……如果我決定少拍電影，那就表示片廠裡課稅級距較低者的工作分量也會減少，而這個效應會不斷擴大，最後連工作機會也會減少。

套句經濟學家的術語，雷根是以「以休閒替代工作」，因為美國國稅局降低了他的工作報酬。（從電影評論者的角度來說，美國國稅局可能為全世界做了件好事。）同樣地，對企業課徵高稅率，可能會使投資失去吸引力，進而減少資源的供給，使產出下降。

高稅率同時也會以其他方式扭曲經濟。第一，它讓人們逃向富有創造力的會計師懷裡，捏造逃稅的理由，而不是尋找合法的企業投資管道。第二，它會驅使人們潛入「地下經濟」去經營事業。加拿大政府就因為走私與逃稅過於猖獗而大幅削減菸草稅。第三，高稅率會迫使人們背井離鄉。德國網球名將貝克為了避稅，就把戶籍遷到了摩納哥。第四，為了逃避高稅率，專業人員會領取不需課稅的額外福利，例如豪華辦公室和汽車，而不是需要課稅的實際收入。他們會多投資免稅的市政債券，而不是必須課稅的債券。此外，高稅率會培養出可用來抵減稅額的嗜好，例如蒐集古董，而不是從事更有生產力的活動。

這些高稅率後遺症已獲得經濟學家的普遍承認。真正的爭議是以下這個問題：這有什麼大不了嗎？或是說，減稅是否可以創造足夠的力量來改變經濟現狀？供給面學派當然說「是」，但批評者（大多是凱因斯學派）大大搖頭。批評者指出，除了富有的電影演員之外，多數人沒有能力可選擇一年內要工作幾小時或幾星期。沒有多少人可以像雷根那樣自由，能對公司說不幹就是不幹。理性的供給面經濟學者承認這一點，但認為結婚婦女對稅率似乎比較敏感，所以降低夫妻的所得稅率，可以釋放女性勞動力。

批評者警告，供給面效應往往不會很快出現。如果企業決定增加投資，多蓋幾間工廠，要到幾年之後才會產生新的供給。事實上，這項投資會先帶來磚塊及石灰的需求。盡責的供給面經濟學者也同意這個觀點，但他們本來就不保證經濟會立刻起死回生。

批評者同時認為，既然減稅會使政府損失稅收，所以預算赤字會更高、不會更低。供給面經濟學者同意赤字的確會增加，至少在減稅的最初幾年中。但他們表示，如果稅率是由很高的水準往下減，政府最後還是可以彌補原來的稅收損失。

為什麼稅率愈高，減稅的影響會愈大呢？以好萊塢的雷根為例，如果減稅五〇％，他適用的稅率就由九四％降為四七％，所以他可在一百美元的紅利中得到五十三美元，是原來六美元的九倍。如此一來，他的工作動機就會提高。而華納兄弟公司低階領班的稅率原來是一〇％，減稅五〇％後，一百美元的紅利中他只會多得五美元（在一〇％的稅率下，他原來可以拿到九十美元，現在可以得到九十五美元）。對他來說，多賺錢的意願當然就不高。

這就難怪供給面經濟學在高稅率之下看起來比較合理。也難怪聯準會理事林賽（Lawrence Lindsey，編按：現任白宮首席經濟顧問）會發現，在一九八一年實施減稅之後，富有美國人的行為模式有了轉變。但這正是批評者攻擊供給面學派獨惠富人的理由。雖然富人受到降稅的影響最大，但這是因為他們的稅率非常高。當這些富人將錢從避稅工具轉移到生產活動，聯邦政府就能徵得更多稅收。不過，一九八〇年代的減稅對象，實際上是以中產階級爲主，這些人改變行爲的意願較低，使聯邦政府的預算赤字反而增加。加上雷根無力降低政府支出，導致赤字一飛沖天。

雖然供給面經濟學在美國境內仍有爭議，但許多國家顯然已經開始仿效。在一九八〇年代後期，超過五十個國家削減最高級距的稅率。最大的降幅出現於平等主義的昔日堡壘，如瑞典、澳洲、義大利及英國。只有盧森堡和黎巴嫩調高稅率。一九九〇年代時，少數國家（包括美國與英國）也曾小幅調高稅率。但即使是抨擊供給面經濟學的人，也不希望回到一九七〇年代的嚴苛稅率。柯林頓總統說服國會提高富人稅率時，他是指把最高稅率由三三％調到三九．六％。雖然他的競選文宣抨擊一九八〇年代的低稅率是給上流人士的慷慨贈品，但他也不想回復雷根在一九八一年入主白宮前的七〇％稅率。

雷根的幕僚在一九八〇年代爲了經濟政策不斷與國會角力，但另一個經濟學派——公共選擇（public choice）學派——則在一旁搖頭，認爲要改變國會注定會失敗。有了他們，所有現代學派就全到齊了。他們是最典型的「憂鬱經濟學家」。

公共選擇學派爲什麼不相信政府？

理性預期學派假設人們很聰明，而公共選擇學派認爲政客很討厭。政客就算不討人厭，也絕對是處心積慮提升自己的事業、特權與權力。如果政治是一種生意，政客就是企業家。一旦你不再幻想國會與官僚會全力投入公共事務，你對政府扮演的經濟角色也會有不同看法。羅傑斯（Will Rogers）等公共選擇學派學者觀察國會的方式，就好像父母看到自己的小孩拿起錘子時一樣緊張。

公共選擇學派的起源甚至比亞當・史密斯還早，基本上可追溯至第一個咀咒官僚的古人。但這個學派是在二次大戰後才眞正興起，以諾貝爾經濟學獎得主艾羅（Kenneth Arrow）以及唐斯（Anthony Downs）對選民與民主的研究爲首。唐斯的著作《民主的經濟理論》（*Economic Theory of Democracy*）指出，選民對政治議題是無知的。這聽來平淡無奇，但重點是：唐斯並不像初中公民老師一樣遺憾人們的無知，他反而認爲無知是對的！因爲花許多時間及精力弄清國會的作爲並沒有什麼好處。即使人們發現某項計畫騙了納稅人五億美元，個人的損失只是一小包薯片的價錢，所以幹嘛庸人自擾呢？想要當盡責公民的麻煩就是，追蹤研究會浪費太多時間。

讓我們舉個眞實的例子。你關心蜜蜂嗎？可能不會吧！除非牠們緊追著你。然而自從二次大戰以來，美國國會已經用掉數十億美元稅收去補貼蜂農。光是一九八〇年代，美國就花了五億美元去買過剩的蜂蜜，並將它們儲藏起來，以防核戰爆發。當然，眞正的動機不是備戰，而是爲了賞賜甜食給蜂農，因爲蜂農在國會山莊找到可以保護他們的「金主」。雖然美國國會最終在一九九四年削減直接補助，但美國養蜂聯盟及美國蜂農協會仍未放棄。他們還是可以得到便宜的聯邦貸款，甚至開始轉而阻止進口蜂蜜進入美國，因爲這會威脅他們的收入。

一般美國國民沒有經濟誘因去擔心這項補助，但蜂農就有強烈的需要。假設美國有一千名正式蜂農，所以一九八〇年代的五億美元補助，可讓每個蜂農得到五十萬美元。這個巨額數字當然會讓人非常願意關心蜂蠟及國會議員。

西方經濟體存有許多難以克服的特別政策，而這是導因於「集體行動的邏輯」。歐爾森（Mancur Olson）在《國家的興衰》（*The Rise and Decline of Nations*）一書中主張，舊經濟體會走下坡，完全是因爲與特殊利益團體掛勾。政府對產業的規範也有類似問題。諾貝爾經濟學獎得主史提格勒指出，官僚就好像人質一樣，往往會對俘虜他們的人產生同情。所以，美國運輸部會縱容海事工會，能源部則會定期遊說白宮來補助美國石油探勘業者。納德（Ralph Nader，譯註：美國消費者保護運動始祖）在一九七〇年指責過於寬鬆的管制政策「州際貿易不作爲」（Interstate Commerce Omission），便呼應了史提格勒的論點。

對多數經濟學者來說，公共選擇學派有點太極端，也有點過於憤世嫉俗。不過，就算是最有力的批評者，也不得不承認這個學派提出一個重要的課題：不要以爲政府面對政治或官僚的壓力時，會採取愼重的手段。在二次大戰後二十年間的一般教科書中，都認爲政府應該採取行動來解決市場問題，如寡占和污染。但他們忘了政府也有缺陷，又如何完成這項工作？政治勢力是否會施行錯誤的政策，使事態更見嚴重？因此，我們應該比較市場經濟的實際結果與政府的預測觀點。長久以來，教科書都著重在瑕疵私人經濟與完美「清廉」政府的對比。到頭來，我們可能會發現華府唯一「清潔」的地方是地鐵，而不是國會山莊。

結語

現在我們已經結束了經濟學之旅。或許你會發現，即使是這條通往經濟知識的捷徑，路上仍有許多曲折，也有一些我們刻意避開的迂迴與坑洞。當然，除了本書提到的內容之外，經濟學還有許多課題。例如，我們就沒有談到第三世界債務、馬克思主義或殖民地主義。或許下次吧！即使我們已徹底回顧，檢視每種經濟理論，但可能還是有遺漏。

我們沒有談到模糊的心理因素，它常常推動經濟行爲者並塑造經濟史。熊彼得說過，企業家是推動成長的力量；他們對創新的特殊心理需求，推著他們突破現狀。熊彼得在哈佛的一位同事將這種浪漫的企業家形容爲「中世紀的騎士，四處尋找刺激的冒險，隨時準備斬掉因襲與停滯的惡龍」。凱因斯也解釋資本主義必然由那些具有「動物本能」的積極者注入活力，他們會激勵投資人，並點燃新的商機。

雖然這些幾近於神祕的力量很難用經濟學者的標準工具來分析，但我們確實知道它們是在自由的環境中興盛。太多的規定、管制及稅法會澆熄企業的火花。就像物質與反物質，政府官員與企業家似乎總是在彼此對抗。官員只穿灰色的西裝，企業家只看到鮮明的色彩。

種族禁忌也可能扼殺「動物本能」。雖然現代經濟體的繁盛是因爲借貸體系使金錢流通，但聖經和可蘭經都同聲譴責借貸行爲。熊彼得曾爲了堅持要一位虔誠的回教徒收下他支付的利息，差點在開羅被鞭打。

經濟體需要一些變化，它無法在完美的秩序中繁榮發展。這就是社會主義的問題：它將每樣東西及每個人都放在「適當」的地方，所以無法改善現狀。社會主義國家雖能夠維持現狀，卻無法趕上不滿現狀的鄰居。難怪西歐會在二次大戰後快速超越東歐。蘇聯會瓦解不是因爲克里姆林宮無法維持生活水準，而是因爲生活水準一直停在一九一七年。

這種懼怕改變和故步自封的困境——保護生產者免於競爭壓力，爲了完全消除風險而過度管制企業，慫恿投資人進行無法餬口的最安全投資——即使是先進經濟體如美國也無法倖免。

奧森．威爾斯在電影《黑獄亡魂》中，對這種無聊的灰色世界有最貼切的描述：「義大利被波吉亞家族（Borgias）統治的三十年中，充滿了戰亂、恐怖與謀殺，但他們仍產生了米開朗基羅、達文西及文藝復興。而瑞士人彼此友愛，擁有五百年的民主與和平，他們又生產了什麼呢？咕咕鐘。」

沒有人想要處在波吉亞家族的混亂世界。但如果有一點點風險、一點點不確定，以及一點點改變事物的自由，就能讓原始野蠻的黑暗時代成爲充滿新機會的活潑經濟。

The Eurasian Publishing Group
圓神出版事業機構
用心與你對話・視野無限寬廣
先覺出版社
Prophet Press
http://www.eurasian.com.tw

財經系列 018

經濟學的第一堂課

作　　者／陶德・布希霍茲（Todd G. Buchholz）
譯　　者／吳四明
發 行 人／簡志忠
資深主編／陳秋月
出 版 者／先覺出版股份有限公司
地　　址／台北市南京東路四段50號6樓之1
電　　話／（02）2570-3939
傳　　真／（02）2570-3636
郵撥帳號／19268298　先覺出版股份有限公司
責任編輯／黃威仁
美術編輯／黃昭文
校　　對／皮海屏、黃威仁
法律顧問／圓神出版事業機構法律顧問　許文彬律師
印　　刷／祥峯印刷廠
2002 年 1 月　初版

定價 240元　　ISBN 957-607-708-7

國家圖書館出版品預行編目資料

經濟學的第一堂課／陶德·布希霍茲 (Todd G. Buchholz)著；吳四明 譯
-- 初版. -- 臺北市：先覺，2002〔民91〕
面；公分. --（財經系列：18）
譯自： From here to economy : a shortcut to economic literacy
ISBN 957-607-708-7（平裝）
1. 經濟
550 90020239

105

台北市南京東路四段50號6樓之一

先覺出版社　收

廣告回函
北區郵政管理局登記
證北臺字1713號
免貼郵票

寄件人：

地址：　　市　縣　　鄉鎮　市（請用阿拉伯數字書寫郵遞區號）

路（街）　段　巷　弄　號　樓

電話：（宅）　　（公）

先覺出版社──讀者服務卡

閱讀時光，無限美好。
謝謝您也歡迎您加入我們！
為了提供您更優質的服務，
我們將不定期寄給您最新出版訊息、優惠通知及活動消息，
但是要先麻煩您詳細填寫本服務卡並寄回本公司（免貼郵票）。

＊您購買的書名：________________

＊購自何處：　　　　市（縣）　　　　書店

＊您的性別：□男 □女　　　　生日：　　年　　月　　日

＊您的e-mail address：________________

＊您的職業：□製造 □行銷 □金融 □資訊 □學生 □傳播
□自由 □服務 □軍警 □公 □教 □其他

＊您平均一年購書：□5本以下 □5-10本 □10-20本 □20-30本 □30本以上

＊您從何得知本書消息？
□逛書店 □報紙廣告 □親友介紹 □廣告信函 □廣播節目 □電視節目
□書評 □其他 ________________

＊您通常以何種方式購書？
□逛書店 □劃撥郵購 □電話訂購 □傳真訂購 □團體訂購 □銷售人員推薦
□信用卡 □其他 ________________

＊您希望我們為您出版哪類書籍？
□文學 □科普 □財經 □行銷 □管理 □心理 □健康 □傳記
□婦女叢書 □小說 □休閒嗜好 □旅遊 □家庭百科 □其他 ________

給我們的建議：

____

____

____

____

The Eurasian Publishing Group
圓神出版事業機構
用心與你對話．視野無限寬廣
先覺出版社
Prophet Press
http://www.eurasian.com.tw

劃撥：19268298　帳戶：先覺出版股份有限公司
地址：105台北市南京東路4段50號6樓之1
電話：(02)2570-3939　傳真：(02)2570-3636